MAGASIN

D'ARTICLES DE PHOTOGRAPHIE

A. MARION

16, Cité Bergère, 16

# INITIATION

AUX

## PROCÉDÉS ANCIENS ET NOUVEAUX

### SELS D'ARGENT, FERRO-PRUSSIATE ET CHARBON

1870

**PRIX : 1 FRANC**

Envoi, franco, du Catalogue *sans l'initiation*, à toutes personnes
qui en feront la demande.

PARIS

A. MARION

16, CITÉ BERGÈRE.

# INITIATION

PARIS

AUX MÉTHODES ANCIENNES ET NOUVEAUX

1840

PRIX : 1 FRANC

# MAGASIN

## D'ARTICLES DE PHOTOGRAPHIE

### A. MARION

16, Cité Bergère, 16

# INITIATION

AUX

## PROCÉDÉS ANCIENS ET NOUVEAUX

### SELS D'ARGENT, FERRO-PRUSSIATE ET CHARBON

## 1870

## PRIX : 1 FRANC

Envoi, franco, du Catalogue *sans l'initiation*, à toutes personnes
qui en feront la demande.

## PARIS

# A. MARION

16, CITÉ BERGÈRE.

## *d.*-PAPIERS SPÉCIAUX POUR LE PROCÉDÉ AU CHARBON.

*(Voir les notes démonstratives)*

| NUMÉROS | DIMENSIONS. | | | F. | C |
|---|---|---|---|---|---|
| 500. | 57 × 44. | Papier normal non préparé, destiné à recevoir la couche de gélatine colorée. | la main | 2 | 50 |
| 475. | — | Papier à mixtion grénétine noir, pour le procédé Marion, Johnson, Swan, etc. | — | 24 | » |
| 476. | — | Papier à mixtion grénétine diverses nuances, pour les mêmes procédés. | — | 30 | » |
| 477. | — | Papier à mixtion grénétine carmin, pour les mêmes procédés. | — | 42 | » |
| 478. | — | Papier gélatiné noir, couche légère, pour épreuves directes. | — | 18 | » |
| 487. | — | Papier blanc encollé à la gélatine, pour transport. | — | 6 | » |
| 505. | — | Papier albuminé sans sel, pour transport. | — | 6 | » |
| 505 *bis*. | 0,57 sur 10 mètres. | — — — | le rouleau | 6 | 50 |

---

## *a.*-ARTICLES SPÉCIAUX POUR LE PROCÉDÉ AU CHARBON

*(Voir les notes démonstratives)*

| | | | | F. | C |
|---|---|---|---|---|---|
| 850. | 57 × 44. | Pellicule de collodion, servant au transport du cliché et applications diverses. | la feuille | 4 | » |
| 860. | | Vernis servant au transport du cliché sur la pellicule | le flacon de 1/10 | 1 | 50 |
| 1582. | | Gélatine grénétine spéciale, pour le procédé au charbon. en feuilles. | le kilog. | 11 | » |
| | | La même en morceaux. | — | 8 | » |
| 870. | | Noir broyé en pain | — | 30 | » |
| 871. | | Sépia broyée — | — | 40 | » |
| 1629. | | Purpurine pour teinter le noir. | le tube | 1 | 50 |
| 1527 *bis* | | Bichromate de potasse. | le kilog. | 3 | » |
| 1531. | | — d'ammoniaque.. | — | 15 | » |
| 1582. | | Cuvettes planes en glaces fortes, rebords en glace forte, pour feuille entière | la pièce. | 25 | » |
| 1148. | | Vis calantes pour mettre les glaces de niveau. | la série de 3 vis | 18 | » |
| 1158. | | Photomètre Léon Vidal destiné à mesurer le temps de pose | la pièce. | 10 | » |
| | | Cahier photométrique (50 bandes de papier sensible). | — | 1 | » |
| 1559. | | Rouleau à main en acier pour le procédé au charbon, le collage des épreuves, 26 centimètres. | — | 35 | » |
| 1559 *bis* | | Rouleau en cuivre léger pour le même usage | — | 15 | » |
| | | Plaques en cuivre argenté pour le procédé pelliculaire. | | | |
| | | Cuvettes verticales en zinc à rainures pour le procédé Johnson. | | | |
| 2011. | | TRAITÉ SUR LES PROCÉDÉS AU CHARBON, par M. Léon Vidal. | | 2 | 50 |
| | | Catalogue initiateur | | 1 | » |

Et tous articles pour les procédés au charbon.

# INTRODUCTION.

---

Chaque année notre Catalogue est remanié, complété et augmenté selon les exigences du moment et les besoins du jour. Cette année, plus que les autres, il a subi des modifications importantes, il s'est même transformé. De Catalogue simple qu'il était, il a pris le titre et l'allure de *Catalogue initiateur*, il donne les notions élémentaires des procédés anciens et nouveaux, sels d'argent, ferro-prussiate et charbon, il devance les questions qui nous sont souvent adressées par ceux de nos clients non familiarisés encore à toutes les opérations et qui ont besoin d'un guide. Notre Catalogue sera donc ce guide prévoyant, et nous serons là pour compléter ce qu'il aurait pu omettre.

Notre sollicitude toute particulière pour le procédé au charbon en vue de sa vulgarisation, nous dispose à lui accorder la faveur de préséance dans ces pages initiatrices, d'autant mieux qu'il représente déjà la photographie du présent, mais il est surtout considéré comme la photographie de l'avenir, car les procédés stables doivent prévaloir un jour. Les procédés anciens, à cause de leur instabilité, ne représenteront bientôt plus que la photographie du passé.

Il ne suit pas de là que la photographie aux sels d'argent soit un jour absolument abandonnée; non, il faudra toujours, dans bien des cas, y recourir, on ne connaît pas encore d'autres moyens que celui-là pour faire les clichés, soit sur papier, soit sur collodion, soit sur albumine, et ne fût-ce même que pour établir des points de comparaison entre les deux procédés, la photographie aux sels d'argent vivra quand même.

Nous commencerons donc notre description par le procédé au charbon tel que nous l'avons conçu et publié dès le mois d'avril 1868, il a pour base la gélatine bichromatée dont l'idée mère appartient à M. Poitevin.

L'abandon que nous avons fait du brevet pris par nous en vue de constater nos droits de priorité à la découverte laisse le champ libre à l'exploitation commerciale du procédé à la condition d'être muni d'une licence pour l'emploi des sels de chrome (brevet Poitevin). Ce brevet pris en 1845 reste en vigueur jusqu'en août 1870, et ce n'est qu'à cette époque que l'emploi des sels de chrome mêlés à une matière organique sera dégagée de toutes entraves et que chacun pourra exploiter librement les procédés au charbon sans rétribution aucune au titulaire ou cessionnaire du brevet.

Nous espérons donc que le temps n'est pas très-éloigné où les procédés stables de photographie pourront compter pour la majeure partie dans la pratique courante de l'art photographique. La méthode si simple et

si sûre que nous avons indiquée il y a un an  ne doit
certainement pas peu contribuer à la réalisation de cet
espoir. Les beaux résultats que d'habiles expérimentateurs ont déjà obtenus doivent être un encouragement
pour tous à marcher résolûment dans la voie ouverte.

Que notre sollicitude pour le nouveau procédé ne
nous fasse cependant pas oublier les égards que nous
devons à l'ancien et la part des soins qu'il mérite;
continuons à être les propagateurs zélés de la découverte chimique qui nous permet d'avoir constamment
en magasin à la disposition des acheteurs des papiers
pourvus des éléments sensibles, et continuons à recru-
ter partout des adeptes fervents à l'art de Daguerre.

Au moyen d'un bagage photographique très-res-
treint, de préparations photographiques toutes faites et
en suivant exactement nos instructions, le débutant
dans cet art sera vite initié aux opérations qui
lui restent à faire; il obtiendra l'épreuve négative
dans la chambre noire et l'épreuve positive dans le
châssis à impression sans s'occuper des opérations pré-
liminaires, puisqu'il aura des papiers pourvus des éléments qui les rendent sensibles à la lumière. Son
travail sera considérablement abrégé; cependant, s'il
veut plus tard faire lui-même les préparations, il le
pourra ; les formules que nous donnons dans un cha-
pitre supplémentaire lui en assurent le moyen.

Disons qu'en écrivant cet opuscule, nous n'avons nullement la prétention de produire une œuvre scientifi-
que ; nous renverrons aux livres spéciaux ceux de nos
lecteurs qui voudront étudier à fond la théorie optique
et chimique de la photographie. Nous prenons les manipulations à un point avancé, ce qui nous reste à

indiquer est assez simple, nous le ferons avec ordre, concision, et aussi succinctement que possible, sans surcharger la mémoire du lecteur d'une foule de détails oiseux. La pratique et nos conseils aidant, on sera vite initié ; et quand le débutant sera embarrassé, il pourra nous consulter ; en regard des demandes qu'il voudra bien nous poser sur le papier, nous lui enverrons nos réponses.

Après le procédé au charbon, nous continuerons notre démonstration par l'épreuve négative, aux sels d'argent, celle, comme on sait, qui forme la base des autres opérations ; mais disons de suite que le papier négatif, dans l'appareil conservateur, ne se conserve pas aussi longtemps que le papier positif et que, par cette raison, nous ne le préparons que sur commande ; plus il est frais préparé, plus est grande la sensibilité et plus belle aussi est l'épreuve qu'il donne ; on fera donc bien de l'employer dans un bref délai, ce délai ne devra pas dépasser huit jours.

La conservation du papier positif dans le même appareil se prolonge beaucoup plus ; au bout de trois mois et plus, on le trouvera en aussi bon état que le premier jour, à la condition, bien entendu, qu'on ne lui laissera pas voir le jour. Cette condition est de toute rigueur, bien plus encore pour le papier négatif que pour le papier positif, le premier, sur le bain révélateur, dont nous parlerons, noircirait complétement. Nous avons, en outre, un papier positif dont la conservation est indéfinie, sans le secours d'aucun appareil. (Voir page 73.)

Pour les débutants qui voudront sensibiliser eux-mêmes les papiers, soit négatifs, soit positifs, nous donnons les formules des bains sensibilisateurs et les faisons suivre de celles des bains de virage et fixateurs, ils useront à leur gré de la faculté qui leur est donnée de faire les préparations ou de se les procurer toutes faites.

Outre l'appareil conservateur de notre invention, nous avons aussi imaginé les portefeuilles préservateurs, que nous nommons par abréviation préservateurs ; ils se composent d'une gaîne en carte noire et d'un carré de bristol un peu plus petit, disposé pour y fixer le papier sensible et l'introduire dans la gaîne. Le papier ainsi protégé peut être transporté au dehors, et en exécutant la manœuvre que nous indiquons, plusieurs feuilles peuvent successivement recevoir la radiation lumineuse d'une vue ou objet quelconque, sans que le papier soit atteint et altéré par la lumière.

Mentionnons un procédé de tirage d'épreuves positives sans sels d'argent, de la plus grande simplicité, décrit dans ce catalogue. Le *Petit Journal*, en en rendant compte dans ses colonnes à la date du 11 juillet 1865, s'exprimait ainsi :

« L'art de la photographie vient de s'enrichir d'une nouvelle découverte qui est appelée à un grand succès. Nous voulons parler d'un papier photographique dit au ferro-prussiate, à l'aide duquel on peut obtenir des épreuves d'un très-joli bleu de Prusse, sans faire passer ce papier par les bains mis habituellement en usage. C'est-à-dire que les opérations de la sensibilisation du virage, du fixage des épreuves deviennent inutiles avec le nouveau procédé.

» Le papier tel qu'il est livré s'expose dans le châssis comme le papier positif sensibilisé au nitrate d'argent.

Au bout de vingt ou trente minutes au soleil, suivant la valeur du cliché, ou une plus longue exposition à la lumière diffuse, on le lave à l'eau pure, pendant dix minutes environ et on obtient, ainsi que nous l'avons dit plus haut, une belle épreuve, dont les blancs sont conservés, et les ombres représentées par une belle couleur de bleu de Prusse. — K. »

PRÉSENTATION FAITE A LA SOCIÉTÉ FRANÇAISE DE PHOTO-GRAPHIE D'ÉPREUVES POSITIVES AU CHARBON. PROCÉDÉ MARION.

Le 4 juin 1869.

J'ai l'honneur de soumettre à la Société française de Photographie des épreuves gélatino-bichromatées de différentes couleurs, entre autres une à la mine de plomb. Le poids élevé des couleurs ne me paraît pas être un obstacle à la production convenable du dessin; l'épreuve à la mine de plomb que je soumets en est un exemple. Toutes les couleurs, quelle que soit leur pesanteur, paraissent pouvoir servir.

Quelle que soit la matière colorante incorporée à la gélatine bichromatée, le procédé pour obtenir l'épreuve reste tel que je l'ai indiqué l'année dernière, et consiste à appliquer avec une planimétrie parfaite, sans bulle d'air, la feuille gélatino-colorée impressionnée contre un papier à couche visqueuse quelle qu'elle soit. Le produit que l'expérience m'a fait préférer comme le plus apte à remplir ce but est le papier albuminé sans sel, à couche légère, par cette raison qu'au moment du développement, l'eau chaude employée pour dissoudre la gélatine sert du même coup à coaguler l'albumine sans travail et sans frais.

Quand, par l'emploi de l'eau chaude, on a débarrassé l'image de la mixtion colorée restée soluble sur le papier, le véhicule devient le subjectile, et le dessin reste inaltérablement fixé à sa surface.

Pour faciliter l'étude de ce procédé, je fais imprimer une brochure qui sera mise gratuitement à la disposition de chacun ; et tous les mercredis, de trois à cinq heures, les personnes qui le désirent pourront suivre, à ma fabrique de Courbevoie, la série des manipulations.

# TIRAGE DES ÉPREUVES POSITIVES AU CHARBON.

PROCÉDÉ MARION.

---

## Instruction et manière d'opérer.

Le procédé de tirage des épreuves au charbon, que nous avons conçu dès le commencement de l'année 1868, est, ainsi que nous l'avons dit dans notre introduction, basé sur le principe, vulgarisé par M. Poitevin, des connaissances de l'action produite par la lumière sur un bichromate alcalin en présence d'une matière organique qui, étant colorée au moyen de poudres inaltérables, tels que le charbon, la sanguine, la sépia, le bistre, etc., donne un dessin d'une stabilité parfaite. Notre procédé diffère de ceux qui ont longtemps attiré l'attention du public, mais auxquels la difficulté de mise en pratique n'a pas permis d'aller beaucoup au-delà du laboratoire où ils virent le jour. Notre procédé, au contraire, est de la plus grande simplicité et peut être pratiqué par tout le monde sans embarras et sans peine : il a une certaine analogie avec le procédé Swan, il emprunte à celui-ci ce qu'il a de favorable, mais il en diffère essentiellement en un point capital. M. Swan fait intervenir le papier caoutchoucté comme support transitoire de l'image. Nous nous servons du papier albuminé comme subjectil et il est définitif. Tout papier à couche visqueuse et blanche peut servir, revendication de l'idée en a été formulée dans nos notes et dans notre brevet d'avril 1868, dont nous ne parlons ici que pour mémoire, attendu que nous l'avons abandonné. Si nous avons donné la préférence au papier albuminé sur tout autre ayant les mêmes propriétés gluantes, c'est que nous avons remarqué qu'il se prêtait mieux que tous les congénères à la coagulation, soit avant, soit après son application au papier noir porteur originaire du dessin.

Le procédé inauguré il y a un an n'a pas dit son dernier mot, et tout porte à croire que les expérimentateurs qui ont pris à cœur de l'améliorer dans ses détails arriveront encore à de plus grands perfectionnements, et nous-même, nous appliquons tous nos soins à atteindre ce but.

Ce n'est pas en vain que les expérimentateurs d'élite dont nous parlons nous ont engagé à abandonner notre brevet. Les excellentes raisons qu'ils ont données que le brevet frappait de stérilité une découverte heureuse ont été appréciées à leur juste valeur et les désirs exprimés, aussitôt satisfaits.

Nous ferons remarquer que l'idée d'appliquer les clichés pelliculaires à la photographie au charbon, pour éviter deux transports de l'épreuve positive et se borner à une seule opération pour avoir le dessin dans son vrai sens, fait partie intégrante de notre procédé, complète notre idée première d'impression au charbon et la rend tout à fait rationnelle; c'est dans ce sens que nous avons fait communication de notre procédé à la Société de Photographie en avril 1868.

Si M. Woodbury avait précédemment conseillé l'emploi de la pellicule translucide à l'enlèvement des clichés, c'était surtout en vue de la conservation des négatifs sous volume et poids restreints, et par cela même d'un casement facile; il n'était pas alors question de son emploi pour le procédé au charbon.

Voici en outre les indications que nous donnions dans une instruction parue en mars 1868, pour opérer par notre procédé :

« Les épreuves positives qui seraient tirées par le
» procédé Marion sur clichés ordinaires seraient re-
» tournées. Pour qu'il n'en soit pas ainsi et pour que
» les images au charbon par ce procédé se présentent
» dans leur sens naturel, il faut que le cliché lui-même
» soit retourné. Le transport du cliché sur pellicule le
» renverse et donne le moyen d'obtenir des épreuves
» positives dans les deux sens, sens naturel et sens
» inverse. »

On peut, comme on voit, utiliser les clichés pelliculaires, soit au procédé ordinaire à l'argent, soit au procédé au charbon.

Nous faisions suivre cet exposé du moyen que nous mettions en œuvre pour enlever et retourner les clichés; mais comme nous avons modifié et amélioré ce moyen, nous donnons la description du mode opératoire tel que nous l'avons décrit dans une récente communication à la Société française de Photographie :

« Dans une cuvette dont le fond est entièrement cou-
» vert de vernis (le vernis Soëhnée convient bien), je
» fais flotter la pellicule, et, agitant la cuvette, je recouvre
» entièrement de vernis la feuille diaphane : je la saisis
» par les deux angles supérieurs, et, après avoir fait
» égoutter, je l'applique sur le cliché en évitant les bul-

» les d'air; je laisse prendre le vernis et au bout de
» 15 à 20 minutes je plonge le cliché dans l'eau. Au
» bout de 20 à 25 minutes, l'image du cliché est très-
» adhérente à la pellicule et peut être enlevée; mais
» quelquefois l'adhérence de l'image à la glace est telle
» que ces simples précautions ne suffisent pas : il faut,
» dans ce cas, avoir recours à des moyens plus éner-
» giques. Voici ceux qui me réussissent constamment.
» Je plonge le cliché dans l'alcool à 36 degrés pendant
» trente à quarante minutes, et, après l'avoir fait égoutter
» je le chauffe par son envers sur une lampe à alcool; aussi-
» tôt je l'enduis de vernis comme si c'était un cliché neuf,
» je fais chauffer de nouveau, et j'applique la pellicule,
» comme il est indiqué plus haut ; je chauffe de nouveau,
» bien légèrement, en éloignant le cliché de la flamme
» de la lampe, je laisse au vernis le temps de prendre
» et ce n'est que quand, au toucher, je le sens bien pris,
» ce qui demande environ deux ou trois heures, que je
» le plonge dans l'eau un temps qui varie entre 6 à 12
» heures; et si, en voulant enlever, j'éprouve de la ré-
» sistance, je prolonge encore l'immersion jusqu'au mo-
» ment où, enfin, la glace abandonne l'image. Le déta-
» chement se fait avec la plus grande facilité, même
» avec les clichés les plus durs; qu'ils aient été fixés
» au cyanure ou à l'hyposulfite, et vernissés avec n'in-
» porte quel vernis, clichés vieux ou nouveaux, aucun
» ne résiste à ce moyen. Le vernis plongé dans l'eau
» avant complète dessiccation a blanchi et le cliché a
» pris un aspect opaque qu'il faut faire disparaître : on y
» parvient en immergeant complétement dans l'alcool
» à 40 degrés pendant 5 minutes environ le cliché trans-
» porté, et en le soumettant à la dessiccation spontanée.

» Autant que possible il faut des pellicules très-
» épaisses, le travail, dans ce cas, est plus facile, plus
» sûr et le cliché plus solide, mais le prix en est né-
» cessairement un peu élevé, car il n'entre pas moins
» d'un litre de collodion épais dans des feuilles de
» 0,45 $\times$ 0,57.

» Je crois ces renseignements nécessaires à mon ·
» procédé et au complément de la démonstration pra-
» tique de M. Jeanrenaud. »

Rappelons ici ce que nous avons dit lors de la première publication de notre procédé au sujet des clichés
enlevés et retournés.

Il y a bien des cas où il est indifférent d'apercevoir
une image tournée telle partie à droite et telle partie
à gauche. Un portrait, par exemple, qui aurait été fait
regardant à droite et qui serait reproduit regardant à
gauche pourrait étonner, mais nullement choquer ;
dans bien des cas donc on pourra faire des tirages au
charbon sur un cliché ordinaire non transporté et présenter la volte-face opérée comme garantie d'inaltérabilité à cause de son inhérence au procédé absolument inaltérable. Ce que nous disons pour le portrait
est applicable à un grand nombre de dessins ; l'artiste
dans ce cas appréciera et décidera ce qu'il doit faire.

Il y a d'ailleurs moyen d'obtenir, dans la chambre
noire, l'image retournée, telle qu'il la faut pour notre
procédé ; il ne s'agit pour cela que de placer le collodion en arrière de la glace dans la chambre noire, au
lieu de le placer en avant, selon l'usage. Il est entendu que, dans ce cas, on met au point le côté dépoli de la glace en arrière, de même que le collodion.

M. Relandin, constructeur d'appareils, a compris le besoin d'un châssis qui répondît aux besoins du moment; il fabrique spécialement pour le charbon, procédé Marion, des châssis d'un système à part, qui facilitent le moyen d'avoir des clichés retournés.

Les clichés sur papier ciré, quand celui-ci est très-mince, conviennent parfaitement pour les tirages au charbon par le procédé Marion, en ce sens qu'ils peuvent indistinctement se tirer par le recto ou par le verso : c'est par le recto que l'on fait les tirages ordinaires aux sels d'argent ; c'est par le verso que l'on doit opérer quand on procède aux tirages par la gélatine bichromatée. Enfin, les négatifs sur papier ciré s'emploient, pour le tirage des positifs, de la même manière que la pellicule, avec cette différence qu'avec les premiers il faut une pose plus prolongée, à cause de leur moins grande transparence.

------

## PRÉPARATION DES PAPIERS GÉLATINÉS COLORÉS ET DES PAPIERS ALBUMINÉS SPÉCIAUX POUR LE PROCÉDÉ AU CHARBON.

Nous croyons devoir passer sous silence la manière d'étendre la gélatine colorée sur papier et aussi de préparer le papier albuminé en rouleau propre à s'emparer de l'image après que le papier gélatiné a subi l'irradiation lumineuse; il faut laisser ce soin à l'ouvrier rompu au labeur pénible de l'atelier et se borner à la partie intelligente et artistique des opérations, d'autant plus que l'on peut se procurer dans le commerce des papiers meilleurs et à moindre prix que ceux que l'on préparerait soi-même. Il est bon de noter ici que le papier gélatiné coloré a déjà subi une baisse de prix notable, et qu'il y a tout lieu d'espérer qu'il baissera encore, si le débit en devient important.

Pour conserver le papier gélatiné dans un état de planimétrie parfaite, il faut le tenir dans un endroit frais et sec, étendu à plat sous une légère pression. S'il ne s'agissait que de quelques feuilles, on pourait les rouler, la gélatine en dessus, les mettre dans un étui ou les envelopper dans du papier fort.

*Sensibilisation du papier gélatiné coloré.*

La sensibilisation du papier se fait sur un bain dans les proportions suivantes :

> Bichromate d'ammoniaque . . .   2 gr.
> Eau . . . . . . . . . . . . . . 100

On peut remplacer le bichromate d'ammoniaque par du bichromate de potasse qui est d'un moindre prix; nous n'avons pas remarqué une notable différence dans les résultats obtenus avec l'un ou l'autre de ces sels.

Filtrer dans une cuvette, et étendre le papier à la surface du bain, le côté gélatiné contre le liquide, puis immerger complétement la feuille au moyen d'un pinceau pendant deux minutes, la retourner et s'assurer s'il ne s'est pas formé de bulles d'air à sa surface, chasser celles qui auraient pu se produire et finalement faire sécher.

Le bain de bichromate ne doit pas être à un température trop élevée, car il produirait inévitablement la dissolution de la gélatine. Un dessiccation trop rapide du papier aurait aussi son inconvénient, elle produirait un racornissement de la feuille qui nuirait à la juxtaposition contre le cliché au moment du tirage et donnerait du flou à l'image ; cet état de racornissement nuirait aussi à son application et au collage parfait contre le papier albuminé. On fera bien de faire préalablement ramollir le papier dans un endroit frais, mais pas de façon à le rendre happant ; on comprend quel en serait l'inconvénient pour le cliché.

Nous avons déjà indiqué l'emploi du talc pour empêcher le papier gélatiné d'adhérer aux clichés pelliculaires ; nous faisons aujourd'hui la même recommandation, quel que soit le cliché employé, surtout si on expose à un soleil ardent : le talc s'étend soit sur le papier, soit sur le cliché, au moyen d'un tampon de coton. Nous préférons l'étendre sur le cliché. Nous devons faire remarquer que le talc est un excès de précaution que nous n'employons jamais.

Nous insistons sur la nécessité de retirer le papier du châssis aussitôt après l'insolation ; il ne faut pas, sous aucun prétexte, le laisser en pression contre le cliché au delà du temps absolument nécessaire, et autant que possible passer immédiatement à son application contre le papier albuminé ; plus loin nous expliquerons les raisons qui nous engagent à donner ce conseil.

Dans sa communication du 5 février à la Société française de Photographie, M. Jeanrenaud dit :

« Une observation que j'ai maintes fois vérifiée et qui » peut servir de base pour l'exposition à la lumière » sous le cliché, c'est que par les temps couverts la sensi-

» bilité du bichromate est 5 ou 6 fois plus grande
» que celle du chlorure d'argent dans les mêmes con-
» ditions de lumière. Par les temps clairs et exposition
» directe au soleil, la différence est encore plus grande,
» car elle est huit, neuf et même dix fois plus rapide,
» suivant la limpidité de l'atmosphère. Donc étant
» connu le temps de pose au chlorure d'argent, il
» sera facile d'en déduire le temps de pose pour la
» gélatine bichromatée.

» Au sortir du châssis positif il fallait, d'après l'ancien
» procédé, se servir d'une feuille de papier caoutchouctée
» comme transport provisoire pour la révélation de
» l'image, laquelle devait être reportée derechef sur
» une nouvelle feuille définitive, préparation longue,
» malsaine et dangereuse, à cause de la benzine
» dissolvant du caoutchouc, sans compter l'élévation
» du prix de revient.

» M. Marion nous a communiqué l'année dernière
» un procédé ingénieux et expéditif. Il se sert du
» papier albuminé, mais sur ce véhicule le transport
» est définitif, simplicité très-grande qui a cependant
» l'inconvénient de laisser l'image retournée ; on se
» trouve donc dans la nécessité de faire subir au cliché,
» une fois pour toutes, une opération que j'indiquerai
» plus loin. »

M. Swan n'est pas absolument du même avis que
M. Jeanrenaud quant à la rapidité du bichromate
comparée à celle du chlorure d'argent, il pense que
le premier est d'un tiers à la moitié seulement
plus rapide que le second. Ces Messieurs émet-
tent leurs avis, chacun d'après des expériences particu-

lières qu'il a faites dans des conditions probablement
différentes, sur des qualités de noir et de gélatine
différentes; il est probable que, s'ils eussent expérimenté en même temps, avec les mêmes produits, sous
les mêmes influences, ils eussent été du même avis sur
la plus ou moins grande rapidité relative du bichromate.

Le noir et la gélatine ont, selon nous, une influence
considérable sur la rapidité du bichromate; les proportions même de ces substances montées ou descendues
de dose exercent une action plus ou moins favorable à
la rapidité des papiers. Nous avons pu constater que
deux noirs de provenance différente, préparés avec la
même gélatine sur le même papier, offraient entre eux
une grande dissemblance de sensibilité; un des papiers
était près de moitié plus rapide que l'autre, quoique
la sensibilisation eût été faite avec la même dissolution
de bichromate, en même temps, à la même heure et au
même lieu. Nous constatons ce fait bien certain sans
chercher à l'expliquer, mais il nous donne la clef de la
divergence d'opinion entre deux hommes également
capables et compétents dans la question.

L'essai que nous avons fait des différentes qualités
de gélatine nous a aussi conduit à reconnaître que ce
ne sont pas les plus belles qualités qui sont les plus
aptes à constituer une bonne mixtion; nous avons
constaté que la gélatine blanche transparente employée
dans la cuisine était longue et difficile à dissoudre,
tandis que celle d'un prix inférieur, quelque peu opaline,
se dissolvait très-rapidement, sans doute parce qu'elle
était plus naturelle et par cela même se prêtait mieux
aux opérations diverses de collage et de développement,

et en outre retenait mieux les demi-teintes du dessin. Mais ces observations ne peuvent être considérées comme principe absolu et invariable ; nous constatons seulement ce qui nous est arrivé, sans affirmer que les mêmes effets se produiraient de même sur des qualités de gélatine autres que celles sur lesquelles nous avons expérimenté.

Pour sortir de la confusion où peuvent jeter les appréciations différentes au sujet du temps de pose, le mieux est de faire quelques expériences d'essai en prenant pour point de départ la lumière diffuse et, après quelques essais, noter sur chaque cliché, en chiffres, le nombre de minutes qui lui convient pour s'impressionner. Ce premier aperçu étant connu, il sera facile de réunir une série de clichés de même force et les exposer en même temps, et, au moyen d'un sablier donnant le nombre de minutes juste convenable pour la même série de clichés, on saura que, quand le sablier sera déversé, on aura atteint le temps de pose voulu sauf ce qui peut manquer faute de bonne lumière. Alors on prolonge la pose du temps que l'on croit nécessaire au complément de l'insolation. En général il vaut mieux poser trop que trop peu : dans le premier cas il y a plus moyen de porter remède que dans le second, un séjour prolongé de l'épreuve dans l'eau chaude la dépouille convenablement quand il y a un excès de pose ; dans le cas contraire, il n'y a pas de remède, on ne peut rien ajouter au manque de pose.

Pour se guider dans la pose, on peut se servir de l'actinomètre de M. Arthur Taylor, ou du photomètre de M. Swan ; l'un et l'autre sont décrits dans le savant ouvrage de M. Vidal, ainsi que la manière de s'en servir.

M. Vidal a aussi imaginé un guide pour la pose des épreuves gélatino-bichromatées, il s'occupe de le perfectionner, ainsi que de la construction d'un châssis d'essai pour déterminer le degré photométrique, deux instruments indispensables pour la photographie au charbon. M. Vidal veut bien nous promettre les prémices de son travail et son autorisation pour faire exécuter les appareils de son invention et les mettre au service de nos clients. (Voir page 31.)

Pour tenir la promesse que nous avons faite plus haut d'expliquer les raisons qui nous font insister sur la prompte application des deux papiers l'un à l'autre après la pose au châssis, nous dirons : si on ne les collait pas immédiatement, on accroîtrait la difficulté de ce collage et celle du développement en raison du temps écoulé entre les premières opérations et les suivantes. Il convient donc de ne pas apporter de retard au collage du papier impressionné porteur provisoire de l'image latente contre celui où elle doit plus tard se révéler, par cette raison qu'il se produit au papier gélatiné impressionné, même après qu'il a été retiré de la lumière, une continuation de coagulation sur toute l'étendue de la couche et dans toute son épaisseur, qui l'empêche absolument, au bout d'un certain temps, de se dissoudre dans l'eau chaude. Le même inconvénient a lieu sur un papier sensibilisé trop longtemps d'avance, surtout par de grandes chaleurs, ou s'il est tenu dans un endroit où la température est élevée. L'opérateur est averti, c'est à lui de se tenir en garde et d'user de vigilance pour ne pas laisser perdre son papier. Ceci bien entendu, indiquons le moyen d'application, l'un contre l'autre, des deux papiers.

Mais avant tout disons que, si cette instruction très-succincte peut suffire à quelques personnes, elle sera certainement insuffisante pour d'autres. Nous conseillons à ces dernières de s'inspirer du savant ouvrage de M. Léon Vidal; elles y puiseront d'excellents conseils au sujet des produits, de leur emploi dans de bonnes conditions, et les prescriptions les plus sages pour éviter et prévenir les erreurs, y remédier même au besoin.

*Opération préliminaire pour le développement de l'image.*

Avant de passer au développement de l'image, il faut que le papier impressionné sous le cliché soit appliqué contre un papier albuminé spécial.

Afin de rendre notre démonstration plus intelligible, nous adoptons le nom de générateur pour désigner le papier impressionné sous l'action de la lumière, et celui de véhicule pour désigner le papier albuminé destiné à s'emparer de l'image. Le véhicule devient le subjectil quand l'image s'y est révélée.

On peut suivre une autre marche que celle que nous avons indiquée en 1868, intervertir l'ordre des opérations, employer tel ou tel moyen de collage, cela constitue des tours de main spéciaux, rien de plus. Il est probable que chaque opérateur aura ses petits moyens pour arriver au même but; mais il faut de toute nécessité qu'il ait recours au papier à couche visqueuse coagulée, pour s'emparer de l'image, et la retenir à sa surface pour pouvoir plus tard l'y développer et l'y fixer: toutes choses que nous avons indiquées sommairement, en 1868, ainsi que le moyen de retourner les clichés pour avoir l'image dans son vrai sens quand elle est reportée sur papier albuminé, application qui nous est toute spéciale, et que personne n'oserait nous contester.

Nous persistons à donner la préférence au papier albuminé pour happer et retenir l'image à sa surface; il est de tous les congénères le plus apte à se prêter aux opérations diverses pour donner un beau dessin.

Le papier destiné au générateur doit être épais, carteux, bien collé, et d'une pâte qui se détende peu au mouillage. Il doit être recouvert d'une couche égale, régulière et bien unie de gélatine colorée ; l'épaisseur de la couche doit être suffisante pour donner à l'image les différents degrés de relief qu'elle doit prendre aux rayons lumineux sous le cliché, et qui doivent constituer le dessin. Cette épaisseur de la mixtion doit atteindre un degré assez fort pour laisser, en outre, une couche inférieure qui puisse se dissoudre, et abandonner la couche supérieure formant la pellicule constitutive du dessin.

Le papier destiné au véhicule doit être fort, résistant, et autant que possible en longueur indéfinie pour former des rouleaux sur lesquels on coupe à mesure des besoins, en telles dimensions que l'on veut, sans qu'il puisse y avoir de déchet; nous en donnerons la raison plus loin. La couche d'albumine doit y être appliquée légère, elle aura toujours assez de gluant pour s'attacher au générateur qui lui-même a la propriété d'être fortement adhésif. Une trop forte couche d'albumine aurait, en outre, l'inconvénient de donner un brillant excessif qui nuirait à l'harmonie du dessin, ainsi qu'au moyen opératoire pour l'obtenir.

Pour coller les deux papiers l'un contre l'autre, on

commence par soumettre la couche gélatinée du générateur au ramollissement par l'eau, et la couche albuminée du véhicule est en même temps rendue humide et gluante par un mouillage convenable. On procède comme suit à cette opération :

Étendre le générateur sur une glace, le côté coloré en dessous, et, au moyen d'une éponge imbibée d'eau, mouiller l'envers de la feuille assez pour la détendre, ramollir la gélatine et donner de la souplesse au papier, éviter avec soin que le côté gélatiné soit mouillé. On y parvient plus sûrement en mettant une feuille de buvard sous la feuille colorée, cette feuille d'interposition garantit contre tout excès de mouillage. On peut préparer ainsi plusieurs feuilles à l'avance. D'un autre côté mouiller la feuille albuminée par son envers en la faisant flotter sur une cuvette garnie d'eau, faire attention qu'il n'aille pas d'eau sur le côté albuminé. Quand le papier est détendu et la couche d'albumine ramollie, étendre cette feuille sur du papier buvard posé sur une glace, l'albumine en dessus, en évitant l'interposition de l'air. Appliquer immédiatement la couche gélatinée du générateur contre la couche albuminée du véhicule, toutes deux ramollies, toujours en évitant l'interposition de l'air.

Cette partie délicate de l'opération doit être exécutée avec la plus grande attention de la manière suivante :

Une des extrémités du papier gélatiné est appliquée contre une des extrémités du papier albuminé étendu sur la glace. On abaisse graduellement sous l'action d'un rouleau bien cylindrique de 6 à 7 centimètres de diamètre, en poussant l'air, la feuille gélatinée, de toute son étendue, contre la feuille albuminée, puis mettant dessus une autre feuille de buvard, on passe de nouveau le rouleau, on retourne la feuille et on passe encore le rouleau de façon à enlever tout excès d'eau et arriver à un collage parfait sans forte pression, mais simplement au moyen d'un rouleau léger et d'une application intelligente. On peut ensuite passer immédiatement au développement de l'image.

Cependant, dans le cas où on aurait fortement imbibé d'eau la feuille gélatinée, il faudrait après l'application au rouleau, recourir à une pression énergique entre des coussins de papier buvard pour enlever l'excès d'eau contenu dans les fibres du papier et dans la mixtion, sans cette précaution il se formerait sur l'épreuve un moirage en relief nuisible et qui la rendrait inserviable. Ce moyen de mouillage excessif et cette pression énergique sont très-favorables à la conservation des demi-teintes de l'image et surtout utiles pour le portrait où les demi-teintes sont souvent si légères qu'elles ont, en quelque sorte, besoin d'être incorporées à l'albumine par le mouillage et une puissante pression. Pour les vues, monuments, paysages, etc., on peut se dispenser de ce dernier moyen et se borner à l'application régulière et simple telle que nous l'indiquons plus haut.

On arrive également à un bon résultat en intervertissant l'ordre d'application, c'est-à-dire en posant le papier gélatiné sur la glace et appliquant dessus le papier albuminé; celui-ci, dans ce cas, peut être moins mouillé et la pression énergique peut être évitée.

Un autre mode d'application des papiers l'un à l'autre, bien plus expéditif que les précédents, et qui doit être préféré partout où on opère sur de grandes quantités, est celui-ci :

Mouiller le générateur par son envers, le poser sur un coussin de papier buvard, la gélatine en dessus, appliquer contre le côté gélatiné du générateur le côté albuminé du véhicule, recouvrir la double feuille d'un autre coussin de papier buvard, y poser d'autres feuilles collées comme les précédentes; les recouvrir aussi d'un tampon de buvard, passer à une autre feuille, faire suivre celles-ci d'une quatrième feuille, et ainsi de suite, jusqu'à sept ou huit feuilles, et mettre sous pression.

On doit faire ce travail rapidement, avec une planimétrie parfaite d'application sans bulles d'air, terminé par la pression énergique de la masse des feuilles réunies dans le même volume de buvard.

Nous voudrions pouvoir expliquer ici combien est simple et facile l'opération du collage; mais la démonstration seule peut en donner une idée claire et précise. Aussi notre laboratoire est-il ouvert le mercredi, de 3 à 5 heures, à toute personne qui nous en fera la demande.

L'image emprisonnée entre les deux papiers doit, sous l'action de l'eau chaude, se détacher du générateur pour se reporter sur le véhicule et s'y révéler plus tard dans toute la valeur du cliché, si la pose et le collage ont été convenables.

Il n'est pas nécessaire d'attendre le séchage du double papier pour le soumettre à la séparation; on peut y procéder immédiatement après application, le résultat même n'en sera que meilleur.

Si, plus haut, nous avons insisté sur la nécessité de tenir le véhicule plus grand que le générateur, c'est afin qu'une forte marge facilite l'opérateur dans le moyen d'application, qu'il ne soit pas gêné par l'exiguïté de la feuille albuminée, contre laquelle il faut qu'il pose sans tâtonner la feuille colorée et sans que celle-ci dépasse la première; l'adhérence parfaite de l'image est à la condition d'être bien prise sur les bords. Si une partie de l'un de ces bords se détachait au développement, il entraînerait avec lui de larges plaques de la pellicule; ce nom de pellicule est bien le mot propre, car ce qui forme l'image n'est autre chose qu'une pellicule excessivement mince et fragile de gélatine coagulée avec les épaisseurs différentes et constitutives du dessin, de teintes plus ou moins intenses, selon que les reliefs sont plus ou moins forts, plus ou moins saillants.

### DÉVELOPPEMENT DE L'IMAGE.

Lorsque les épreuves sont prêtes à subir le développement, il est essentiel d'avoir de l'eau chaude en abondance, des cuvettes assez spacieuses pour contenir un certain nombre d'épreuves et l'eau nécessaire.

L'eau bouillante étant donc versée dans la cuvette, les épreuves y sont plongées rapidement, de façon à être saisies par la chaleur. On comprend le double effet de cette chaleur humide : d'une part, coagulation et solidification de la couche albuminée; d'autre part, dissolution de la mixtion colorée; mais c'est la couche inférieure de cette mixtion qui s'est dissoute; la couche supérieure, s'étant préalablement solidifiée à la lumière et ayant pris sous le cliché forme de pellicule avec les contours, les reliefs et les creux du dessin, est devenue absolument insoluble et s'est détachée de la partie soluble du générateur pour se fixer au véhicule où la couche d'albumine solidifiée la retient.

Nous insistons sur les avantages que présente la coagulation de l'albumine par l'eau chaude : d'abord elle se fait sans frais aucuns ; pas de substance spéciale à employer, pas de main-d'œuvre à mettre en pratique particulière, puisque c'est l'eau chaude nécessaire à la dissolution de la gélatine qui produit du même coup la solidification de l'albumine ; on économise donc l'alcool qui est d'un prix élevé ou la vapeur qui ne l'est pas moins et on supprime une opération. Nous avons, en outre, la conviction que la coagulation et dissolution simultanée des couches distinctes albumine et gélatine, par la même action spontanée de l'eau chaude, assure une plus grande solidité à l'image qui se trouve en quelque sorte incorporée à la couche solidifiée d'albumine et que les demi-teintes de l'image n'en sont que mieux ménagées au développement (1).

Jusque-là les opérations ont dû se faire à la lumière jaune du laboratoire ; mais à partir de ce moment où le papier est débarrassé en majeure partie du bichromate, on peut continuer le développement à la lumière diffuse.

Il ne reste plus qu'à débarrasser le dessin de l'excès de gélatine soluble qu'il retient encore, ainsi que d'un

---

(1) C'est là ce qui, par ce procédé, permet d'obtenir un modelé plus grand qu'avec le transport au caoutchouc. L'albumine en partie dissoute et ayant pénétré une mince couche de gélatine colorée retient des demi-teintes qui sans cela disparaîtraient mécaniquement. Ce mode de transport constitue donc une supériorité bien évidente du procédé Marion sur les autres procédés. Avec des couches d'albumine plus ou moins épaisses et plus ou moins humidifiées, on doit arriver à augmenter ou diminuer le degré de douceur des épreuves.

reste de bichromate resté dans les fibres du papier. On tient donc quelque temps l'épreuve la face tournée en bas dans la cuvette garnie d'eau chaude, afin que l'excès de mixtion mis en dissolution tombe au fond de la cuvette, débarrasse le dessin de toute souillure et le fasse paraître convenablement dépouillé.

Si, par suite d'un excès de pose, l'épreuve restait sombre et empâtée, il faudrait de nouveau avoir recours à l'eau bouillante, et, l'agitant dans la cuvette de manière à produire un léger frottement à la surface de l'épreuve, finir ainsi de la débarrasser de l'excès de couleur que lui avait donné la pose trop prolongée; après cela un simple lavage à l'eau tiède doit compléter le développement.

Cependant, pour donner plus de solidité à l'épreuve, on fera bien de la passer dans une dissolution d'alun à saturation; l'immersion dans l'eau alunisée complétera la solidification de la gélatine, lui retirera le reste de gluant qu'elle prend quand on la mouille et en assurera le montage plus facile sur bristol ou sur papier.

Dans une exploitation sur une grande échelle de ce procédé, avec un chef intelligent, des aides dévoués, où chaque travailleur pourrait avoir sa spécialité, on arriverait à une grande régularité de travail et à une rapidité d'exécution incroyable, d'autant mieux que la pose très-réduite forcerait les travailleurs à déployer toute leur énergie pour suivre la marche régulière et forcée du travail commun.

# PHOTOMÈTRE LÉON VIDAL

## POUR LE TIRAGE DES ÉPREUVES AU CHARBON

### Construit par A. MARION.

---

Voici les renseignements que veut bien nous donner M. Léon Vidal sur cet instrument; il les accompagne d'observations d'une grande utilité sur la sensibilité des papiers gélatino-bichromatés.

Nos lecteurs nous sauront gré d'avoir retardé notre publication, en vue de ce complément sérieux d'initiation aux procédés stables, et de mettre à profit ce retard pour indiquer un mode opératoire expérimenté dans ces derniers temps, et spécialement recommandé par M. Vidal. Les principaux éléments de ce procédé sont empruntés à une publication faite en Angleterre par M. Johnson.

On pourra faire des essais comparatifs du procédé Johnson et du procédé Marion, et s'arrêter à celui des moyens opératoires qui paraîtra le plus favorable au genre de travail à exécuter.

INSTRUCTION POUR L'EMPLOI DU PHOTOMÈTRE LÉON VIDAL.

L'impossibilité où l'on est de suivre directement la venue de l'image dans les procédés de tirage des épreuves photographiques dites au charbon (quelle que soit la matière colorante mélangée à la gélatine) nécessite l'emploi d'un photomètre spécial.

Si la lumière du soleil conservait à toute heure et par tous les temps une intensité égale, on pourrait arriver, par tâtonnement, à classer les clichés suivant le nombre de secondes ou de minutes, exigé par chacun d'eux, pour fournir sa contre-image dans les meilleures conditions possibles. Mais cela n'existe pas ; l'intensité de la lumière solaire varie à toute heure ; elle se modifie si le ciel est nuageux, si l'atmosphère est chargée d'une brume plus ou moins épaisse : on ne peut donc recourir à une observation basée sur telle ou telle durée propre à la meilleure impression, et un instrument de comparaison destiné à mesurer l'action de la lumière devient absolument nécessaire.

Le photomètre *Léon Vidal* construit dans ce but se compose :

1° D'un petit châssis-presse, dont le volume est aussi réduit que possible ; sa surface supérieure est pourvue d'un obturateur ;

2° D'une *échelle translucide* appliquée contre la surface intérieure du verre et formée par dix écrans offrant une opacité graduée ;

3° D'une *échelle fixe* de dix teintes graduées dites teintes de comparaison ;

4° D'un petit cahier photométrique de bandes de papier sensible, disposées de telle sorte qu'il soit aisé de supprimer successivement toutes les bandes qui ont servi. Ce dernier est superposé à une planchette munie d'un ressort, et s'applique exactement avec pression contre l'échelle translucide, une fois le châssis fermé ;

5° D'une petite règle portant une *échelle fixe* semblable à celle qui est contenue dans le photomètre ;

6° D'un mode d'arrêt qui permet de retenir le photomètre sur le châssis à l'aide d'une pointe introduite dans la petite ouverture de la réglette en cuivre, au moment de l'exposition.

Avant de procéder au tirage normal d'un cliché, il convient de fixer son numéro photométrique.

Pour cela faire, on expose en même temps à la lumière : 1° le cliché contre lequel on a, dans un châssis positif, placé une bande de papier sensible au charbon ;

2° Le photomètre muni d'une bande photométrique non encore impressionnée.

A l'aide d'un écran quelconque, on obture graduellement trois ou quatre parties successives du cliché, en ayant soin de noter, à chaque changement de place de l'écran, le numéro photométrique correspondant à la durée de chaque impression. — On obtient ainsi, après développement, une bande sur laquelle une partie de l'image du cliché se trouve reproduite, mais avec des intensités différentes. On s'arrête à celle de ces intensités qui paraît convenir le mieux, et le numéro photométrique qui en est l'expression est noté sur un des coins du cliché. Il suffit, dès lors, pour effectuer le tirage de ce cliché, de l'exposer à la lumière en même temps que le photomètre, et de le retirer quand ce dernier marque le numéro indiqué.

M. Léon Vidal nous écrit que, d'après les dernières études qu'il vient de faire, il vaut mieux soumettre, tour à tour, à l'essai, des parties différentes d'un même cliché, et apprécier toujours sur le même point le plus important, exposé 1/2 minute ; puis, sur une autre partie de la bande, 3/4 de minute; puis, sur une autre partie, 1 minute, etc. Il est indispensable de procéder ainsi pour bien apprécier les intensités différentes de coloration d'après la durée de la pose, pour noter sur le cliché celle qui lui convient.

Un châssis-presse, spécialement destiné à ces essais vaut mieux que les châssis ordinaires sur lesquels on se borne à faire promener un morceau de carton. L'observation , en pareil cas, manque de précision et est d'ailleurs peu aisée à diriger.

Ce châssis spécial est en tout conforme aux châssis positifs ordinaires ; seulement il porte une planchette dont la surface recouvre entièrement la partie supérieure de la glace.

Cette planchette est susceptible de se mouvoir dans une coulisse, de manière à découvrir tour à tour toute l'étendue de la glace. Une graduation par centimètres, gravée sur l'un des côtés de ce châssis, permet de préciser l'ordre et les intervalles des observations.

La lecture du degré photométrique est la question importante, rien de plus aisé cependant : ·

Le photomètre étant ouvert dans la lumière diffuse (il faut, pendant que l'on fait cette observation, retourner le châssis positif et le recouvrir d'un écran opaque), on remarque sur la bande sensible diverses teintes imprimées.

Deux cas peuvent se présenter :

1° La dernière des teintes provenant de l'impression solaire, la plus faible et celle dont le numéro est le plus élevé, coïncide, quant à sa valeur, avec le numéro correspondant de l'*échelle fixe* de comparaison ; c'est 8 par exemple.

Le n° 8 représente le degré photométrique du cliché ou de l'observation.

2° La dernière des teintes, la plus faiblement visible, ne coïncide pas en valeur avec celle à demeure dans le photomètre qui lui correspond sur l'*échelle fixe*. En ce cas, avec la réglette qui porte la même échelle fixe, il est facile de chercher, par rapprochement, quelle est la teinte de cette échelle qui se confond avec la dernière des teintes impressionnées ou qui en approche le plus.

5 est, par exemple, la plus faible teinte obtenue sur la bande photométrique. La comparaison avec l'*échelle fixe* amène la coïncidence de cette teinte 5 avec la teinte 9 de l'*échelle fixe*. L'indication 5/9 sera portée sur le cliché ; cela signifiera qu'il faut arriver, au photomètre, à la teinte 5, mais de telle sorte que cette teinte 5 soit, aussi approximativement que possible, égale en valeur à la teinte de comparaison n° 9 de l'*échelle fixe*.

Avec un peu d'habitude, on arrive à se passer de l'échelle détachée, l'œil sachant apprécier, même à distance, la valeur comparative de la teinte obtenue et de telle ou telle teinte de l'*échelle fixe*. Mais il est bon, dans le début, de s'exercer avec la réglette qui permet le rapprochement immédiat et offre ainsi un moyen de précision plus parfait.

Les deux cas ci-dessus sont ceux qui se présentent dans les conditions normales ; mais il se pourrait qu'un cliché fortement voilé exigeât un temps d'exposition à la lumière, assez long pour que le n° 10 de la bande

sensible fût impressionné et de telle sorte que la teinte
formée fût égale par exemple au n° 4 de l'*échelle fixe*.

Le numéro photométrique du cliché serait alors 10/4
de même que nous avons eu plus haut 5/9 ; le premier
nombre 10 indiquant que la dernière teinte visible doit
être égale, ou à peu près égale en valeur, à la teinte 4
de l'*échelle fixe*.

On conçoit bien que l'indication seule de la dernière
teinte visible ne serait pas suffisante. Il se peut que la
teinte apparaisse à divers degrés de valeur. — A quel
moment s'arrêterait-on si l'on n'avait une valeur fixe
de comparaison ?

C'est là le motif d'utilité de l'*échelle fixe*.

La moindre pratique de ce petit instrument permettra d'en user sans aucune difficulté et un seul coup d'œil
suffira pour la perception du degré.

L'examen des photomètres exposés pourra mieux se
faire sans déplacement, pourvu que l'on ait soin de ne
pas les ouvrir en pleine lumière directe.

L'interposition d'un chapeau, d'un morceau de carton
replié par-dessus, est un obstacle suffisant à l'action de
la lumière, à condition toutefois que l'observation soit
faite promptement.

Il va sans dire qu'un même photomètre peut servir
au tirage de plusieurs clichés, soit quand ces clichés ont
le même numéro photométrique ; soit quand ils sont
échelonnés du moins au plus, de manière que les plus
faibles numéros puissent être enlevés, tandis que les
numéros plus élevés, maintenus à la lumière, continuent
simultanément avec le photomètre à atteindre leur
degré d'impression.

Il est important de faire remarquer ici que la sensi-

bilité des papiers au bichromate de potasse ou d'ammoniaque est tellement grande que l'on a fort peu de
marge, en opérant en plein soleil, pour observer le
photomètre, tout en laissant les châssis exposés.

Il convient de supprimer sur eux l'action de la lumière, à mesure qu'on retire le photomètre, et de la
rétablir quand on le réexpose.

En effet, la moyenne des bons clichés à portraits
n'exige pas une pose en plein soleil de plus de 2' à 3' ;
dans bien des cas 1/2' environ suffit. Un excès de pose de
/2' à 1' se manifesterait d'une manière très-notable au
détriment de l'image. Il faut donc observer rigoureuse-
ment la durée nécessaire à une bonne impression et ne
pas la dépasser.

Encore moins vaudrait-il se trouver en dessous. Car
si le développement permet de réduire un peu l'intensité d'une épreuve venue, il ne peut jamais intensifier
une épreuve trop faible. Le mieux est de tirer les épreuves dans la lumière diffuse quand on n'est pas pressé.
Il faut alors une exposition d'environ six fois celle du
plein soleil ; mais on risque moins d'être surpris, tout en
obtenant probablement des résultats plus doux.

La sensibilité des papiers recouverts d'une mixtion
déterminée varie surtout en raison :

1º Du titre du bain de bichromate alcalin ;

2º De la durée de l'immersion dans ce bain ;

3º Du temps qui s'est écoulé depuis le moment de la
sensibilisation.

Il y a bien d'autres motifs de variation basés sur la
température, sur l'état hygrométrique du milieu où sont
conservés les papiers sensibles, sur la composition de

la mixtion etc.; mais il n'est pas opportun de s'en occuper ici.

Pour opérer d'une manière normale il faut :

1° Choisir de préférence du papier mixtionné contenant environ 300 gr. de mixtion à la feuille ;

2° Le sensibiliser en immergeant complétement dans un bain abondant de bichromate à 1 1/2 0/0 et l'y laisser exactement pendant 3' en évitant autant que possible les bulles d'air;

3° Ne l'employer, en suivant les indications photométriques portées sur les clichés, que durant les trois ou quatre jours qui suivent l'instant de sa sensibilisation ;

Ce qui revient à ne pas sensibiliser du papier pour une période ultérieure.

L'insolubilité de la mixtion s'accroît de plus en plus, et, au bout de quatre jours, après la sensibilisation, on éprouve déjà quelque difficulté pour l'enlèvement du véhicule mixtionné; il convient donc de ne pas attendre aussi longtemps. La sensibilité, il est vrai, n'en est pas moindre, et le résultat obtenu n'est pas inférieur en intensité à celui qu'aurait fourni le même papier impressionné et développé quelques heures après sensibilisation. Mais le développement seulement est bien plus long à s'effectuer, et, nous le répétons, le report ne peut se faire sans difficulté.

Le développement doit suivre l'impression, à un jour près environ, et au moins ne pas être renvoyé au delà d'un délai maximum de deux jours.

NOTA. — Comme durant quelques heures de la journée, la lumière directe du plein soleil ne varie guère de 10 heures du matin à 3 heures environ de l'après-midi, on pourra, sans recourir à l'emploi du photomètre, laisser les clichés exposés durant un temps déterminé.

La détermination du temps sera facile à obtenir lors de l'essai préalable, lequel doit avoir lieu à intervalles absolument égaux.

On arrivera ainsi à reconnaître que 5/10, par exemple, correspond à 2'. Donc un cliché titré 5/10 pourra en plein soleil être exposé durant 2'. Cette corrélation du temps et du degré obtenu rendra très-pratiques les tirages effectués dans une lumière sensiblement égale pendant un nombre d'heures facile à apprécier.

Comme le degré de l'échelle fixe le plus rapproché en valeur du dernier numéro visible de l'échelle impressionnée, peut être ou un peu plus fort ou un peu plus faible que la teinte obtenue, il convient d'ajouter, pour la clarté de la notation, le signe + pour la teinte un peu plus forte, et le signe — pour la teinte un peu moins intense.

Ainsi — 5/10 indiquera que la teinte 5 obtenue par l'impression est moins forte que 9 de l'échelle fixe, et pourtant n'arrive pas tout à fait à la valeur de 10.

De même que + 5/10 indiquerait que 5 de l'impression dépasse un peu 10 sans atteindre 9 de l'échelle fixe.

Pour des observations qui devraient atteindre un très-haut degré de précision, une échelle de comparaison contenant 10 à 15 teintes en plus comprises dans celles de l'échelle actuelle permettra d'arriver avec nos approximations de 10 à 15" près au maximum.

Quand on doit imprimer des images dont les bords extérieurs sont très-transparents, il est bon de recouvrir de papier d'étain ou de peindre ces parties transparentes de manière à arrêter les rayons lumineux. On évite ainsi toute difficulté lors de la séparation du véhicule mixtionné d'avec le papier de report, contre lequel, dans le cas contraire, il adhérerait inégalement et d'où il ne serait isolé qu'en arrachant des lambeaux de mixtion insolubilisée dans toute son épaisseur, partout où se trouvent ces parties du négatif très-transparentes.

D'une manière générale, il faut opérer avec des clichés doux, sans duretés trop marquées, sans contrastes trop saillants. Tout opérateur quelque peu exercé saura bientôt exécuter des clichés, tels qu'ils doivent être pour fournir de bons positifs au charbon. C'est là une simple question de pratique opératoire.

Il est des modes de report qui peuvent nécessiter des durées d'impression plus ou moins grandes pour un même cliché.

A chacun le soin de se rendre compte de ces rapports divers.

Les essais préalables étant faits d'après le procédé même à appliquer, les indications qu'ils fourniront conviendront à ce procédé.

Tout revient à ne pas varier les procédés sans, au préalable, soumettre chacun d'eux à l'essai et à la notation photométriques.

Faisons remarquer, en passant, que, lorsqu'un cahier de bandes sensibles est épuisé, il est facile de le remplacer en collant légèrement un nouveau cahier au lieu et place du premier. Ces cahiers sont d'ailleurs enduits de gomme en dessous pour en faciliter l'application.

Durant l'usage, il arrive que les trois bandes qui retiennent le papier sensible sur la tranche, demeurent rigides après l'enlèvement de plusieurs bandes successives, et constituent un vide entre le papier sensible et la surface inférieure de l'échelle translucide.

L'impression des teintes se fait alors moins franchement. Il faut donc, au fur et à mesure, abaisser ces rebords en papier jusqu'à la surface même de la bande à impressionner.

L'application du photomètre aux agrandissements se

fait en exposant directement cet instrument sur un des rebords de l'image projetée sur la feuille sensible, et en le
plaçant de manière que la surface de la bande sensible
coïncide avec le plan de la feuille à impressionner. —
Un essai préalable, comme il est dit plus haut, est nécessaire pour mesurer le degré photométrique propre
à telle distance focale déterminée. Cet essai doit être
fait en variant les temps d'exposition afférents à trois
ou quatre portions différentes de l'image.

Une fois le degré photométrique connu pour la distance à laquelle on doit opérer, on procède comme
d'habitude et on vérifie de temps à autre le photomètre
pour arrêter l'action de la lumière au moment où est
atteint le degré préalablement noté.

Dans les appareils d'agrandissement du genre de celui de M. Liébert, il y a lieu de pratiquer sur la planchette où est appliquée la feuille sensible, une ouverture destinée au passage du photomètre et à sa mise
en place au point voulu.

Quand on se sert d'appareils comme ceux de
M. Monckoven, l'exécuteur, se trouvant dans la chambre
noire, il lui est aisé de disposer directement le photomètre à son gré, sur un point convenable, et de suivre,
sans déplacement du photomètre, la venue de l'image.

On ne doit pas oublier que le numéro photométrique
d'un cliché d'agrandissement n'a de valeur que pour
une DISTANCE FOCALE DÉTERMINÉE et qu'il y a lieu, si l'on
désire tirer du même cliché des images de dimensions
différentes, de faire autant d'essais qu'il doit y avoir
de grandeurs diverses.

L'indication sur le cliché doit s'écrire ainsi qu'il a
été dit plus haut, mais en ajoutant l'indice de la dis-

tance focale mesurée, soit depuis le tirage de la chambre à agrandir, si elle est tout d'une pièce, soit d'après la distance qui sépare l'objectif du plan de formation de l'image, si on opère dans un appartement obscur.

Ainsi $\frac{5/9}{2^m,23}$ sera l'indication à écrire sur un cliché d'agrandissement exigeant au photomètre une teinte impressionnée n° 5, égale en valeur au n° 9 de *l'échelle fixe*, pour donner une image convenable à la distance de l'objectif de $2^m,23$.

Les papiers au bichromate de potasse étant bien plus sensibles que ceux au chlorure d'argent, offrent une grande facilité à la pratique des agrandissements, sans parler de l'avantage immense, hors de comparaison, qui résulte de l'obtention d'une image indéfiniment stable et d'une valeur comme ton que ne peuvent jamais avoir les épreuves obtenues par les autres procédés.

Il était opportun de compléter, par le mode d'application du *photomètre Léon Vidal* à cette branche spéciale des tirages photographiques, les renseignements relatifs à cet appareil, indispensable désormais, dans tous les ateliers où sont et seront mises en pratique les impressions au charbon.

# PROCÉDÉ JOHNSON.

Ce procédé offre l'avantage immédiat du redressement de l'image; il donne une grande douceur aux épreuves et il réalise, au point de vue industriel, les meilleures conditions d'une marche rapide et régulière.

Voici l'indication sommaire de ce procédé, tel que le pratique avec succès M. Léon Vidal.

Le papier mixtionné, convenablement approprié au cliché à reproduire, est sensibilisé par immersion complète durant trois minutes exactement dans un bain de bichromate de potasse à 1 et 1/2 0/0.

Avant un laps de temps de deux jours au plus après cette préparation, on doit l'impressionner et puis le soumettre dans les vingt-quatre heures suivantes à l'opération du développement à l'eau chaude.

Voici comment on procède à ce développement ;

Les feuilles impressionnées sont d'abord appliquées à la surface de glaces dépolies, préalablement recouverte d'une couche de stéarine. Pour cela faire, on met dissoudre dans de l'alcool de la stéarine à saturation, puis l'on filtre; cette liqueur est passée sur le côté dépoli des glaces de report, soit à l'aide d'un tampon de coton, soit en la versant sur la glace, comme si on voulait la collodionner; pour étendre ce liquide régulièrement partout, on use d'un pinceau ou d'un triangle de verre. L'excédant est recueilli pour servir de nouveau.

Dès que l'alcool s'est entièrement volatilisé, on polit la couche de stéariné qu'il laisse, avec un fort tampon de coton propre; cette couche, de mate qu'elle était, devient brillante. La glace est alors propre à recevoir la feuille impressionnée; on l'immerge pour cela dans une cuvette contenant beaucoup d'eau, le côté stéarinisé en dessus, puis on introduit doucement dans la même eau la feuille impressionnée, la mixtion en dessous, en évitant qu'il ne se glisse des bulles d'air entre la glace et le papier; celui-ci tend d'abord à se recroqueviller en dedans, mais bientôt il s'étend, n'oppose plus aucune résistance à la pression des doigts et bientôt se recroqueville en sens contraire, ses coins se redressent de bas en haut : à ce moment précis on doit enlever de l'eau la glace et le papier adhérents l'un contre l'autre et sans qu'il y ait entre eux aucune bulle d'air.

Cela fait, on presse avec du buvard sur le dos du papier, de manière à chasser l'excès d'eau renfermé entre les deux surfaces internes des subjectiles et à sécher la surface extérieure du papier. Successivement on traite ainsi douze à quinze glaces, puis, en commençant par la première, on les immerge toutes dans de l'eau chaude à 38°, contenue dans une cuvette verticale en zinc à rainures, semblable à une boîte à glaces et d'une hauteur excédant environ de 1/3 à 2/3 celle des glaces, lesquelles sont arrêtées dans la partie supérieure de la cuvette.

Il faut que la température de l'eau ne dépasse pas 40° centigrades.

Cinq minutes après l'immersion de la dernière glace on enlève les papiers, ce qui se fait aisément de la manière suivante : on sort de la cuvette verticale la première glace et on l'introduit aussitôt dans une cuvette horizontale contenant de l'eau chaude au même degré 38. Soulevant alors l'un des coins du papier avec une pointe quelconque, on saisit ce coin avec les doigts et on détache délicatement la feuille à peine adhérente; le mouvement de traction doit se faire aussi horizontalement que possible, si l'on veut éviter des soulèvements.

L'image et un excès de matière colorante sont abandonnés sur la glace que l'on replonge à sa place dans la cuvette verticale, où on l'abandonne pour s'occuper, à la suite, de détacher tous les autres papiers.

Ne pas oublier qu'il est essentiel de ne tirer les clichés qu'après les avoir munis d'un cadre opaque entourant l'image à reproduire; c'est un moyen d'assurer l'intégrité des bords de l'image et de se mettre à l'abri des soulèvements que produirait le déchirement des bords trop profondément impressionnés.

Dans la cuvette verticale, sous l'influence de l'eau chaude, la gélatine non insolubilisée se dissout, entraînant avec elle la matière colorante en excès; on secoue de temps à autre chacune des glaces pour faciliter leur lavage et bientôt les images apparaissent complètes dans tous leurs détails : on ne les retire de l'eau chaude qu'alors qu'elles n'abandonnent plus de matière colorante, il faut les y laisser jusqu'à épuisement, car ça n'est que par un temps de pose convenable qu'on arrive à un degré d'intensité voulu et nullement par un développement arrêté à tel ou tel moment.

Dès que le développement est terminé, on immerge

les glaces dans de l'eau froide, puis dans un bain d'alun à 2 0/0.

On les y laisse deux minutes environ, et on les lave de nouveau à l'eau ordinaire ; on les recouvre enfin de gélatine blanche à 10 0/0, additionnée de 3 0/0 de sucre.

Ce mélange, tiède à peine, est passé à deux reprises, et l'excédant recueilli comme quand on collodionne.

La glace est alors abandonnée à dessication dans un *milieu dépourvu de courants d'air*. Recommandation essentielle !

Quand elle est complétement sèche, on procède au report de l'image sur papier gélatiné.

Cette opération n'offre aucune difficulté : du papier gélatiné assez mince est immergé, le côté gélatiné en dessous, sous de l'eau froide contenue dans une cuvette horizontale.

On fait glisser par-dessous, après deux ou trois minutes, la glace portant l'épreuve, et on la retire aussitôt en la recouvrant du papier gélatiné, et de manière qu'il n'y ait aucune bulle d'air entre l'image et le papier.

On soumet à une pression sous du papier buvard pour chasser le liquide en excès et faire bien adhérer contre l'image toutes les parties du papier, et on laisse sécher spontanément.

L'image, frappée par le papier gélatiné et isolée du verre par la stéarine, abandonne facilement ce dernier, et souvent même, sans qu'il soit nécessaire de provoquer le détachement par le moindre effort.

On fixe définitivement l'image en la plongeant, une fois qu'elle est détachée, dans de l'eau ordinaire, puis la passant de cette eau dans un bain d'alun où elle est laissée 10' environ, on lave à deux ou trois eaux, au sortir de l'alun, et tout est fini.

Les glaces dépolies, nettoyées à l'eau chaude après chaque opération, servent indéfiniment.

Le temps d'exposition à la lumière est généralement plus long que celui exigé par le report Marion. Il faut que l'image, vue sur le verre contre un papier qu'on applique humide à sa surface durant le développement, paraisse un peu faible pour être au degré voulu après le report sur papier gélatiné.

En employant des papiers recouverts d'une mixtion appropriée aux clichés et sujets à reproduire (*), on obtient par ce procédé des effets artistiques très-remarquables, et surtout une douceur infinie, qualité que n'offre au même degré d'une manière aussi régulière, aussi constante, aucun des autres procédés de tirage au charbon.

Grâce à ce mode opératoire si simple, la question du tirage des portraits est maintenant résolue entièrement, et il n'est aucun photographe, tant soit peu habile, qui, après quelques essais, ne se trouve en mesure d'annoncer au public qu'il livrera à quiconque le désirera des portraits au charbon, depuis la carte jusqu'à l'agrandissement. C'est là notre conviction profonde.

---

(*) Suivant les proportions 1, 2 et 3, fabriqués dans la maison Marion.

## PROCÉDÉ D'IMPRESSION DIRECTE AU CHARBON

D'APRÈS DES CLICHÉS OBTENUS PAR L'ÉCRITURE OU LE DESSIN.

Des caractères ou traits quelconques, formés par la plume avec une encre bleue à l'hyposulfite de soude sur papier mince sensibilisé au chlorure d'argent, peuvent être reproduits à un nombre d'exemplaires illimité.

Les caractères doivent être tracés à l'abri de la lumière du jour avec une plume naturelle; puis, sans attendre qu'ils soient secs, on expose le papier fixé par quatre épingles contre une planchette, aux rayons lumineux. Sous l'action de la lumière, le fond blanc du papier noircit, les caractères conservent leur teinte bleue, mais ils ont dissous le chlorure d'argent qu'ils recouvrent. Le papier étant plongé dans une dissolution d'hyposulfite de soude, la nuance bleue disparaît pour faire place à un blanc transparent, et, par la même action de l'hyposulfite de soude, le fond noir du papier est fixé. On lui donne plus d'intensité en le virant dans un virage quelconque.

On a, par ce moyen très-simple, à la portée de tout le monde, un cliché parfait qui, étant lavé et séché, est prêt à servir.

*Epreuve positive directe au charbon.*

Le papier noir gélatiné à couche légère est sensibilisé sur une dissolution de bichromate de potasse à 2 0/0, où il reste 60 à 100 secondes.

Après dessication, il est exposé trois à quatre minutes, plus ou moins, selon la lumière et la qualité du cliché, le côté noir contre l'envers du cliché.

Au sortir du châssis, le papier est plongé dans l'eau chaude ; les parties protégées par l'opacité du cliché se dissolvent, celles où la lumière a pu traverser sont devenues insolubles, et restent fixées au papier : on a une écriture ou un dessin noir sur feuille blanche, reproduction fidèle du type. On complète la coagulation des caractères en plongeant l'épreuve dans une dissolution d'alun à saturation.

Les mêmes clichés calligraphiés ou dessinés peuvent aussi servir pour le procédé au ferro-prussiate, caractères bleus. (Voyez page 73.)

Ce procédé ne peut être utilisé que quand il s'agit de simples traits, caractères, contours, hachures, etc.; il serait impuissant à reproduire les nuances fondues du crayon ou de l'estompe.

### AUTRE MOYEN DE FAIRE DES CLICHÉS-PAPIERS D'APRÈS DES TYPES SUR PAPIER PAR LE PROCÉDÉ AU CHARBON.

Tracer sur papier blanc mince avec de l'encre bien noire tels caractères que l'on désire. Voilà pour le type. Ce type peut être en typographie, lithographie, gravure, etc., peu importe, pourvu que ce soit sur papier mince de texture assez transparente pour laisser traverser la lumière. Plus le papier sera mince, meilleur sera le résultat.

Dans un châssis à impression, exposer sous ce type, les caractères tournés contre la glace, une feuille de papier gélatiné bichromaté noir, de une demi-heure à une heure environ, selon la lumière.

Appliquer ce papier gélatiné impressionné contre le papier albuminé, comme il est indiqué à la page 23 de ces notes et développer à l'eau chaude; on a un cliché-papier, reproduction fidèle du type, à lettres blanches transparentes sur un fond noir.

Maintenant pour avoir l'épreuve positive, lettres noires sur un fond blanc, il faut opérer comme il est indiqué à l'article précédent : *Épreuve positive directe au charbon*, avec cette différence que le côté noir du papier doit être posé contre le recto du cliché.

Ces sortes de clichés peuvent également servir pour le procédé au ferro-prussiate, quand on veut une impression bleue sur fond blanc. Mais ce qui est plus facile et plus expéditif, c'est quand on peut se contenter d'un dessin blanc sur fond bleu.

On expose le papier au ferro-prussiate sous le type même. Après pose suffisante, on lave. On a la reproduction fidèle du type noir en un dessin blanc sur fond bleu de prusse parfaitement venu.

Les dessinateurs se servent avec avantage de ce moyen pour les décalques, et les éditeurs de journaux de mode l'emploient utilement à la reproduction de patrons ou modèles quelconques du journal. (Voir procédé au ferro-prussiate, page 73.)

## AUTRE REPRODUCTION PHOTOGRAPHIQUE TRÈS-FACILE.

Une écriture, un dessin à la plume, des caractères typographiques, lithographiques, etc., peuvent être reproduits à un nombre illimité d'exemplaires de la façon suivante.

Exposer sous le type à reproduire du papier préparé au ferro-prussiate, le temps nécessaire à l'insolation, laver l'épreuve dans l'eau pure : on a des caractères blancs sur un fond bleu.

Maintenant, veut-on avoir des caractères bleus sur un fond blanc ou plutôt azuré? on se sert de l'épreuve à lettres blanches sur fond bleu comme cliché, on lave l'épreuve, l'opération est terminée.

Si l'on veut que les caractères blancs soient reproduits dans leur sens naturel, de façon à être lus, il faut que le papier sensible soit posé sur le verso du type. Si, au contraire, on veut se servir de l'épreuve à lettres blanches comme cliché, il faut que le papier sensible soit impressionné par le recto du type. (Page 49.)

Ce même cliché à lettres blanches sur fond bleu peut également servir pour faire des tirages au charbon. (Voir Épreuve positive directe au charbon.)

L'encre la meilleure à employer pour tracer les caractères est une dissolution de bichromate de potasse à saturation. Après quelques minutes d'exposition à la lumière, ces caractères sont devenus entièrement opaques et constituent un bon cliché. Une encre à écrire bien noire peut aussi être avantageusement employée.

Plus le papier du type sera mince, moins sera longue l'exposition, et meilleur sera le résultat.

# PHOTOGRAPHIE AUX SELS D'ARGENT.



*Mise du papier négatif sensible dans les préservateurs.*
— Après s'être procuré du papier négatif sensible auquel
on a bien soin de ne pas laisser voir le jour, car le
moindre contact de la lumière le mettrait hors de service, on se place dans une pièce sombre, et à la simple
lueur d'une bougie, ou à la lumière tamisée par des
verres jaunes, voir même des rideaux en étoffe épaisse
d'une teinte orangée foncée, on procède comme suit au
placement des feuilles sensibles dans les préservateurs.

Sur une table, protégée par un carton ou une feuille
de papier, on pose le papier négatif sensible tenu d'un
centimètre plus long que le bristol dont il va être
parlé. On place celui-ci sur la feuille en laissant débor-
der le papier à la partie supérieure du bristol; on rabat
le bord excédant et au moyen d'un peu de gomme on
le fixe au revers du bristol.

On introduit le papier, ainsi fixé au bristol, dans les
préservateurs, en prenant soin que le papier soit en
avant et le bristol en arrière. Le côté du portefeuille ou
gaîne garnie de petits bois ou arrêts indique l'arrière; on
met le recouvrement que l'on fixe au moyen d'une bande
élastique en caoutchouc; on est alors prêt à introduire
les préservateurs dans le châssis négatif.

Le châssis conserve la forme et la structure ordinaires.
Sa porte est munie intérieurement de trois ou quatre
ressorts destinés à faire pression sur le bristol porte-

papier pour appliquer la feuille contre la glace et l'y maintenir en parfait contact pendant l'opération.

Les préservateurs ou gaînes sont de la dimension inférieure du châssis, mais munis d'un prolongement qui traverse, en la dépassant, l'ouverture supérieure rectiligne du châssis; ils renferment le bristol porte-papier dont nous avons parlé et dont la dimension est en tous sens celle de la glace, c'est-à-dire moins haute que la gaîne.

C'est à ce bristol que l'on fixe les feuilles de papier sensible au moyen d'une dissolution de gomme et d'un onglet en papier fort pour les maintenir. La gomme se met seulement aux deux extrémités supérieures du papier qui dépassent l'onglet. La feuille de papier négatif est prête à être introduite dans la gaîne.

Le papier négatif fixé au bristol étant introduit dans la gaîne, on a pris soin que le papier soit en avant appuyé contre la glace, et le bristol en arrière, poussé par les ressorts de la porte contre ladite glace. Le côté de la gaîne qui est garni de petits bois destinés à former arrêt indique l'envers. On couvre l'ouverture de la gaîne d'un bristol noir plié que l'on maintient en place par une bande élastique; on est alors prêt à se mettre en voyage.

*Exposition à la chambre noire.* — Arrivé sur les lieux où on doit prendre les vues, on dresse l'appareil sur le trépied, on dirige l'objectif vers l'objet ou le paysage, on couvre le verre dépoli du drap noir, on se place dessous, et examinant l'image produite sur le verre dépoli, on avance ou recule le tiroir de la chambre noire jusqu'à ce que ladite image apparaisse dans sa plus grande netteté, on retire alors le verre dépoli et on continue la manœuvre comme ci-après.

On ouvre la porte du châssis, on introduit dedans un préservateur, en observant que le bord supérieur, celui opposé aux petits bois, pénètre dans l'ouverture rectiligne pratiquée sur la tête du châssis ; on ôte le recouvrement en bristol noir ; les arrêts en bois doivent se trouver en dessus et placés à la partie inférieure du châssis.

La gaîne ainsi introduite dans le châssis, on lui fait faire un léger mouvement de bas en haut qui met à découvert la languette du bristol garni de ruban ; cette languette est alors pliée en équerre contre la paroi du châssis ; on ferme la porte ; la languette qui dépasse se trouve alors serrée par la porte fermée contre la paroi du châssis retenue fortement en place, sans que le déplacement de la gaîne, qui se fait par l'ouverture rectiligne du châssis, puisse entraîner avec elle le bristol porte-papier. Celui-ci se trouve poussé par les ressorts de la porte du châssis contre la glace ; le papier est alors prêt à recevoir la radiation lumineuse quand le châssis aura occupé sa place à la chambre noire.

On introduit donc le châssis dans la chambre noire qui a été mise au point ; on ouvre le volet ; reste l'obturateur qui couvre encore la tête de l'objectif, on l'enlève et l'impression se fait.

Quand on a posé le temps voulu et arrêté l'impression par l'introduction de l'obturateur sur la monture de l'objectif, on descend la gaîne sur le bristol porte-papier, on ferme le volet, on retire le châssis de la chambre noire et on ouvre la porte ; la languette, étant poussée, rentre entièrement dans la gaîne. On place la

couverture en bristol, et on enlève le préservateur garni
de papier pour en mettre un autre à la place.

N'oublions pas de dire que, pour ne pas confondre
les préservateurs renfermant des feuilles impressionnées
avec ceux qui ne renferment que des feuilles sensibles
non encore exposées, nous ne trouvons rien de mieux
à faire que de mettre la bande élastique en travers sur
les premières et en long sur les secondes. Il convient
que les bandes soient mises : la première dans le sens
de l'ouverture, la seconde dans le sens de la coulisse.
L'opérateur reconnaîtra l'importance de cette mesure
de sûreté.

La manœuvre se répète autant de fois que l'on a de
préservateurs garnis de feuilles sensibles et que l'on
veut prendre de vues.

Nous conseillons aux débutants de prendre plusieurs
épreuves du même point de vue, afin de se familiariser
avec l'instrument, et d'arriver à bien apprécier le temps
moyen de pose qu'il exige, car, comme nous l'avons
dit, le temps de pose est assez difficile à déterminer,
tant sont nombreuses et puissantes les causes qui in-
fluencent sa durée et l'action exercée sur le papier sensible par les rayons lumineux.

Le temps de pose varie avec la nature des verres, la
construction et l'ouverture de l'objectif simple ou double
que l'on emploie, avec l'heure à laquelle on opère, avec
la position de l'objet placé dans l'ombre ou en plein
soleil, avec l'intensité de la lumière et l'état du ciel ou
de l'atmosphère. En règle générale, et comme terme
moyen, il convient d'admettre qu'une vue éclairée par
un soleil d'été et prise avec un objectif simple muni de
son plus petit diaphragme, pour un foyer de $0^m,40$ en-

viron, exige une pose de 10 à 15 minutes, que l'on peut sans inconvénient, et même avec avantage, prolonger un peu. Avec un objectif double sans diaphragme, la pose sera considérablement diminuée et ne sera plus que de 50 à 100 secondes au soleil.

Il est utile de signaler l'observation qui a été faite par les hommes compétents, que la lumière avant midi a une action plus rapide que la lumière après midi.

A l'aide de ces renseignements, avec un peu d'expérience et des comparaisons, l'amateur parviendra sans peine à se rendre compte de la rapidité plus ou moins grande de son objectif et de celle du papier collodionné, ioduré, ciré, que nous fabriquons, ainsi que de l'intensité de la lumière, qui doivent déterminer le temps ou la durée de la pose.

Après avoir pris le nombre des vues que l'on désire et rentré chez soi, on peut à volonté développer l'image de suite ou plusieurs jours plus tard. Si l'on veut attendre, il sera bon de faire usage de l'appareil conservateur; on y mettra les feuilles impressionnées jusqu'au moment de les soumettre au bain révélateur.

L'image n'est encore qu'à l'état latent dans le papier; elle doit se révéler et prendre de la vigueur dans un bain d'acide gallique, dont voici la formule :

*Développement de l'image négative.* — Dans un flacon plus ou moins grand rempli d'eau distillée, nous mettons une quantité d'acide gallique plus grande que celle que l'eau peut dissoudre; il doit en rester au fond du vase une partie non dissoute.

Quand le liquide est bien saturé, on le verse dans un autre flacon muni d'un entonnoir garni d'un filtre en papier, et enfin on verse la partie filtrée dans une cuvette en porcelaine, la hauteur de 2 à 3 millimètres ; on ajoute 3 à 4 grammes environ d'acéto-nitrate d'argent pour 100 grammes de liquide, on opère le mélange au moyen d'une barbe de plume ou d'un pinceau : le bain est prêt à servir ; ou, ce qui est mieux, on dissout dans 500 grammes d'alcool à 40° 100 grammes d'acide gallique, on filtre dans un flacon, on ajoute 6 grammes d'acide acétique ; on a ainsi un liquide qui se conserve et dont 10 centimètres cubes représentent 2 grammes d'acide gallique, quantité nécessaire pour un bain révélateur de 500 grammes. On ajoute donc 10 grammes de solution concentrée d'acide gallique à 490 grammes d'eau distillée, puis l'acéto-nitrate d'argent voulu, et le bain est prêt à servir.

La solution alcoolique doit être faite à chaud ; nous l'avons toute préparée pour les personnes qui ne veulent pas se donner cet embarras.

On prend le papier impressionné par les deux bords opposés, on fait adhérer l'un des deux bords au liquide, on abaisse régulièrement l'autre en chassant les bulles d'air qui voudraient se former ; enfin, à l'aide d'une barbe de plume, on force la feuille à s'immerger complétement.

Nous avons parlé plus haut d'acéto-nitrate d'argent pour ajouter à l'acide gallique ; la formule est la même que pour celui destiné à sensibiliser, dont nous parlerons plus loin ; mais comme, pour le développement, il faut l'avoir neuf et sans noir animal, il convient d'en réserver un flacon à part. Avec la quantité de 100 à 200 grammes, on a de quoi faire beaucoup d'épreuves. Nous fournissons d'ailleurs cette dissolution aux personnes qui la désirent toute prête.

On suit avec soin le développement de l'image jusqu'au point convenable ; le temps nécessaire à ce développement varie à l'infini : plus la pose aura été longue, moins sera longue la révélation. Il y a, de toute façon, avantage à prolonger la pose dans de justes mesures.

On reconnaîtra que l'épreuve est suffisamment venue quand le ciel sera d'un noir opaque, que les lumières et les clairs auront pris des teintes sombres proportionnelles à leur intensité, que la verdure et que les ombres représentées par des blancs auront conservé leur vigueur et une parfaite translucidité. Alors on retire l'épreuve et on la met dans l'eau pour arrêter l'action de l'acide gallique.

Quand la pose a été trop courte, l'image apparaît lentement ; on est obligé de forcer la dose d'acéto-nitrate d'argent, et c'est toujours au détriment de l'épreuve. Répétons encore qu'il vaut mieux en général tomber dans l'excès, poser trop que trop peu.

Notre papier collodionné, ioduré, ciré, a cependant cela de favorable qu'il peut rester longtemps dans le bain révélateur sans que les blancs du négatif soient altérés.

Si, pour une cause quelconque, on avait posé trop peu, on y remédierait par un séjour prolongé de l'épreuve dans l'acide gallique.

*Fixage de l'épreuve négative.*—Après avoir lavé l'épreuve au sortir du bain révélateur, il faut la fixer en débarrassant le papier de l'iodure d'argent non réduit resté dans sa substance.

On fait une dissolution de : eau, 1,000 grammes ;

hyposulfite de soude, 100 grammes, et on y plonge l'épreuve en évitant les bulles d'air.

Après une demi-heure de séjour environ dans le bain, temps nécessaire pour faire disparaître la teinte jaune opaque du papier, on lave l'épreuve à grande eau pendant une demi-heure et on la suspend pour faire sécher.

Il ne reste plus qu'à laver de nouveau, faire sécher et revivifier la cire en la présentant à la chaleur ardente d'un fourneau ou à la flamme active d'une cheminée.

Les clichés faits avec le papier collodionné, ioduré, ciré, ont la translucidité du verre, et les tirages en positif se font rapidement.

## Épreuves négatives obtenues sur place sans le secours des préservateurs.

### PORTRAITS, GROUPES, REPRODUCTIONS, ETC.

Si on opère à proximité de l'atelier, les préservateurs deviennent inutiles; dans ce cas, le papier négatif sensible est placé dans le châssis contre la glace du fond en la recouvrant d'une autre glace ou d'un bristol, peu importe; mais il faut avoir soin que l'ouverture rectiligne à la tête du châssis, servant de passage aux préservateurs, soit bouchée; autrement, la lumière qui viendrait tomber par cette ouverture sur le haut de la feuille sensible la ferait noircir au bain révélateur.

Quand on a posé le temps voulu, refermé l'obturateur du châssis et celui de l'objectif, et que l'on est rentré dans l'atelier, on retire du châssis le papier impressionné, on le plonge dans le bain révélateur d'acide gallique, on en suit la marche et on s'arrête au point voulu, comme nous l'avons déjà indiqué plus haut.

Nous avons un papier négatif spécialement consacré aux reproductions à proximité de l'atelier; il est préparé pour avoir un peu plus de sensibilité, il est mince et cette qualité est convenable pour le portrait; cependant, comme il faut encore poser 100 à 150 secondes par un temps clair, il faudra voir si le modèle peut rester tout ce temps sans bouger. On s'en sert absolument comme du papier fort, à cela près que, devant servir dans un court délai, après sensibilisation, on ne sera pas obligé de le laver à plusieurs eaux, un seul lavage suffira; on peut même ne pas laver du tout, l'éponger simplement dans du buvard propre et exposer la feuille encore humide entre deux glaces dans le châssis négatif; on peut de cette façon obtenir plus de sensibilité et abréger la durée de la pose; rien n'est changé, du reste, à la manière de développer, laver et fixer.

Le papier négatif mince est celui qui convient pour faire les négatifs destinés au tirage gélatino-bichromaté par le procédé Marion; son peu d'épaisseur permet le tirage indistinct par le recto et par le verso; on a vu qu'avec le procédé Marion, pour avoir une épreuve positive dans son vrai sens, il faut la tirer par l'envers du négatif, on agira donc en conséquence. Il faut à ce sujet consulter la page 15 de ces notes.

Nous avons dit qu'avec le papier, il fallait poser 100 à 150 secondes; il est assez difficile au modèle de rester tout ce temps dans une immobilité complète et par conséquent, le portrait devient presque impossible avec le papier. Il fallait donc, pour ne pas laisser une lacune fâcheuse à notre ouvrage, trouver moyen de faire le portrait aussi facilement et aussi bien que les autres reproductions. Le collodion étendu sur verre préparé d'avance, était bien le véhicule qui nous semblait seul capable de remplir ce but ; mais, jusqu'à présent, on n'avait préparé des glaces d'avance que pour servir à l'état sec, et, en cet état, il est encore trop lent pour le portrait. Nous avons trouvé une préparation qui a le double avantage de servir à l'état sec ou à l'état humide : dans le premier cas, on se sert de la glace dans l'état où elle est livrée ; dans le second cas, on la sensibilise de nouveau. Nous donnons ci-dessous la manière d'opérer dans les deux conditions.

### Opération avec le collodion sec.

On place la glace dans le châssis de façon que la couche de collodion fasse face à l'objectif. On adapte le châssis à la chambre noire, et ayant préalablement mis au point, on est prêt pour la pose : nous avons indiqué la manière d'y procéder. La durée de la pose sera déterminée d'après un premier essai, mais il faut généralement compter sur 6 à 8 minutes pour une vue en plein soleil, avec un objectif simple, muni de son plus grand diaphragme ; la pose sera d'autant plus longue que le diaphragme sera petit, mais aussi plus il y aura de netteté à l'image.

### Bain révélateur.

| | | |
|---|---|---|
| Eau distillée............ | 250 | grammes. |
| Acide pyrogallique...... | 1 | — |
| Acide citrique.......... | 1 | — |
| Alcool à 36............ | 5 | — |

Après le temps de pose voulu, on rentre dans la chambre obscure et on procède au développement de l'image de la façon suivante : on commence par bien laver la glace, puis, dans un vase qui puisse verser régulièrement, on met une quantité suffisante de la solution ci-dessus pour couvrir abondamment la glace en une seule nappe; on verse hardiment la solution par le bord supérieur de la glace, de manière que la nappe coule uniformément sur la surface et vienne se déverser par le bord opposé, après toutefois l'avoir promenée quelques instants pour donner le temps à l'image de paraître; on en active la venue par une nouvelle quantité de la solution, à laquelle on ajoute, si c'est nécessaire, quelques gouttes d'acéto-nitrate d'argent.

La venue de l'épreuve sera surveillée par transparence, et sera d'autant plus belle que l'on aura mis d'adresse et de dextérité dans la manœuvre et les tours de main nécessaires.

### Fixage de l'épreuve.

Dans une solution de 25 grammes d'hyposulfite de soude pour 100 d'eau, on plonge complétement la glace pour dissoudre l'iodure d'argent et donner la stabilité à l'image négative; on termine par un lavage abondant sous un jet d'eau modéré. Si l'eau frappait trop fort sur le collodion, on risquerait de le détacher, c'est ce qu'il faut soigneusement éviter.

Nous construisons spécialement pour les glaces sèches des portefeuilles préservateurs du même système que pour le papier négatif, pour opérer en pleine lumière, selon qu'il est indiqué à la page 52 et dont la manœuvre pour s'en servir est, à peu de chose près, la même. Par un simple examen de l'objet, on reconnaîtra aisément l'obligation de cette légère différence de construction à cause de l'épaisseur de la glace et le besoin d'isoler la couche collodionnée pour qu'elle ne frotte pas contre la gaîne.

En lisant attentivement la description de la manœuvre pour les préservateurs en papier, on appréciera aisément, par comparaison, celle exigée pour les glaces sèches.

*Opération avec collodion humide.*

Nos glaces préparées pour le collodion sec peuvent aussi servir pour collodion humide ; dans ce cas, on sensibilise de nouveau, et l'amateur n'a pas l'embarras du collodion et l'inconvénient des vapeurs nuisibles de l'éther.

La sensibilisation se fait en plongeant la glace dans une solution de 7 grammes de nitrate d'argent pour 100 d'eau additionnée de quelques gouttes d'acide nitrique. La glace encore humide est mise dans le châssis, et on procède à la pose comme nous l'avons déjà indiqué pour le procédé sec ; on pourra, par ce moyen, faire le portrait, car, la durée de la pose étant considérablement diminuée, on obtiendra facilement du modèle l'immobilité de quelques secondes. Notons bien que, pour le portrait, on doit avoir recours à l'objectif double, l'objectif simple serait trop lent. Celui-ci doit être exclusivement consacré à la nature morte.

## Épreuve négative sur glace collodionnée.

### *Nettoyage de la glace.*

D'un nettoyage parfait de la glace dépend en grande partie la réussite de l'opération. On ne saurait donc apporter trop de soins à cette partie du travail manuel.

Au moyen d'un tampon de coton, étendre sur la glace de la poudre Dopchy délayée dans de l'eau, frotter rapidement avec un second tampon de coton et finir le nettoyage avec un linge fin humecté d'alcool. Ainsi nettoyée, la glace est prête à servir. On peut au besoin nous les demander toutes préparées, nettoyées et polies.

### Application du collodion.

Verser, sans temps d'arrêt, le collodion en nappe régulière sur le côté nettoyé de la glace, puis, en appuyant l'un des angles sur le goulot du flacon, recueillir l'excès du collodion en même temps que, par un mouvement d'oscillation, on évite qu'il ne se forme des stries à la surface collodionnée.

### Bain d'argent.

| | |
|---|---|
| Nitrate d'argent fondu .............. | 7 grammes. |
| Eau distillée.. ................... | 100 |

Filtrer dans une cuvette à recouvrement, y plonger la glace d'un seul coup, sans temps d'arrêt, le côté du collodion en dessus; promener le liquide sur la surface collodionnée de la glace, la laisser dans le bain jusqu'à ce qu'elle ait pris une teinte laiteuse et que toute trace huileuse ait disparu.

Le collodion Marion, employé avec intelligence, donne toute garantie de réussite.

### Bain révélateur.

| | |
|---|---|
| Eau distillée.................... | 1.000 grammes. |
| Sulfate de fer................... | 50 |
| Acide acétique cristallisable ...... | 50 |
| Alcool à 40............... .... | 50 |

Faire dissoudre le tout dans un même flacon et filtrer, verser hardiment et du même coup une certaine quantité du liquide par le bord supérieur de la glace, le laisser séjourner environ deux minutes en le promenant sur la surface impressionnée, puis le déverser par le bord opposé, remplacer cette première quantité de liquide par une seconde; on voit apparaître l'image, mais légère et peu intense. Laver à grande eau et passer au bain à renforcer.

*Bain renforçateur.*

Eau distillée...................... 250 grammes.
Acide pyrogallique............... 1
    —    acétique.................. 5 à 10
Alcool........................... 10

Verser régulièrement et uniformément, sur toute la surface de la glace, une quantité convenable de liquide pour la couvrir abondamment, puis recueillir la dissolution dans un vase au fond duquel on aura mis un peu d'un bain d'argent à 2 ou 3 0/0, agiter ce mélange, le verser de nouveau sur la glace et l'y promener quelques instants. L'image, faible d'abord, prend de l'intensité. On en suit la marche en la regardant par transparence, et, quand elle est bien sortie, un lavage à grande eau est appelé à l'arrêter au point convenable.

*Fixage de l'épreuve.*

Eau distillée.................... .000 grammes.
Hyposulfite de soude............ 250

Cette dissolution versée dans une cuvette, on y plonge l'épreuve; l'argent non réduit par la lumière s'y dissout, et quand les traces jaunes d'iodure d'argent ont disparu, l'image est fixée. On s'en assure en la regardant par transparence plusieurs fois pendant le cours du fixage.

Les lavages répétés et à grande eau terminent le fixage : les glaces sont alors mises à sécher sur un support à rainures.

*Vernissage du cliché.*

Pour conserver et solidifier le cliché, il faut le vernir. Le vernis s'étend sur la glace, préalablement chauffée à une douce température, de même qu'on le fait avec le collodion. Après avoir fait égoutter, on chauffe de nouveau et on fait sécher, en appuyant l'angle d'écoulement sur du papier buvard, qui a la propriété d'absorber l'excès du vernis qui s'écoule de la glace.

---

## Épreuve positive.

Grâce à l'appareil conservateur de notre invention, nous avons constamment en magasin, au service des acheteurs du papier positif pourvu des éléments sensibles, qui peut être emporté et gardé inaltérable pendant quelque temps, simplement renfermé dans l'appareil conservateur. Par ce moyen, nous simplifions les opérations et rendons la pratique de la photographie accessible à tout le monde (1).

L'obtention de l'épreuve positive est le but final de la photographie ; on ne constate la parfaite réussite des

---

(1) Outre ce papier, qui se conserve dans l'appareil, nous en fabriquons un autre dont la sensibilité est extrême et qui se conserve partout. (Voir page 72.)

premières opérations qu'à la vue de l'image positive, c'est alors seulement qu'on peut en apprécier les mérites ou en reconnaître les défauts.

Après avoir nettoyé la glace du châssis reproducteur, on y place l'épreuve négative, la face impressionnée en dessus, puis la feuille de papier positif, le côté sensibilisé appuyé contre la face impressionnée du négatif, ou côté du collodion, si le cliché est sur glace, et enfin la planchette à charnière, il est bon de mettre, au-dessous de la planchette, un coussin de plusieurs feuilles de papier buvard.

Si cette opération se fait au grand jour, elle devra s'exécuter vivement, pour ne pas laisser au papier le temps de se colorer. On expose, le châssis fermé, aux rayons solaires directs, ou à défaut, à la lumière diffuse, sous une inclinaison telle, que les rayons lumineux tombent perpendiculairement sur la glace. Dans le premier cas, l'impression sera plus prompte et meilleure; il doit donc, au cas possible, être préféré.

On suit la marche de la coloration du papier par les bords qui dépassent le cliché; on le laisse arriver à une teinte un peu bronzée, on ouvre le châssis à moitié, et soulevant l'épreuve, on s'assure de l'état de sa coloration. Elle doit être légèrement violacée dans les clairs, et métallisée dans les grands noirs. Si elle n'est pas assez vigoureuse, on laisse tomber la feuille qui, retenue jusqu'au milieu, n'a pu varier de position, et le châssis fermé de nouveau est rapporté à la lumière; enfin, quand on a de nouveau ouvert le châssis et trouvé l'épreuve suffisamment venue, on la retire du châssis pour la virer et la fixer. Si on ne procède pas de suite à ces deux opérations, il faut mettre l'épreuve dans l'appareil conservateur jusqu'au moment de la virer.

*Virage de l'épreuve positive.*

Au sortir du châssis, quand l'épreuve positive est tirée sur papier albuminé ordinaire, elle revêt généralement la couleur violacée ; mais, quand on opère avec notre papier *mica-chloruré*, l'épreuve est d'une belle couleur pourpre. Quelle que soit, d'ailleurs, la nuance, la teinte est fugace ; il faut anéantir la sensibilité de cette feuille, sans cela elle noircirait sur toute sa surface. On commence d'abord par virer l'épreuve. Cette opération du virage consiste à faire tourner le ton du dessin à une couleur plus agréable. Les agents de virage sont de plusieurs espèces, mais de tous ceux que nous connaissons, c'est le chlorure d'or allié à d'autres produits, que nous trouvons supérieur. Il existe de nombreuses formules pour combiner l'or à d'autres sels et donner au virage les qualités requises ; mais, de toutes ces formules, c'est celle qui est employée par M. Encausse que nous avons trouvée la meilleure ; malheureusement, l'auteur en garde le secret, mais il vend le produit tout prêt. Nous avons un dépôt de sel Encausse.

Voici la manière de l'employer :

## Virage nouveau (Sel Encausse).

### PRÉPARATION.

Pour obtenir des tons noirs, des tons noir violeté ou des tons sépia, la même dose de sel convient ; la différence de ton s'obtient par le séjour plus ou moins prolongé de l'épreuve dans le bain.

Verser le contenu du flacon dans 3 litres d'eau ordinaire, agiter le flacon jusqu'à ce que le liquide soit devenu blanc et écumeux ; dès le lendemain il pourra servir, et s'il repose plus longtemps, il sera meilleur encore, car il acquiert des qualités en vieillissant.

### EMPLOI.

Au moment de s'en servir, agiter de nouveau le flacon et verser dans la cuvette la quantité suffisante pour recouvrir les épreuves que l'on a à virer, y plonger les épreuves sèches, telles qu'elles sortent du châssis, *sans lavage préalable*, et continuer l'opération comme avec les virages ordinaires. On peut donner plus d'activité en chauffant légèrement le bain. Ce virage ne rongeant pas les épreuves, il suffit de les tirer un peu plus vigoureuses qu'elles ne doivent rester après le fixage. Ce virage sert pour tous les papiers, y compris celui appelé économique à 5 0/0 de chlorure. Il est surtout bon pour le papier *mica chloruré*, de Marion. Il a l'avantage de conserver les blancs de l'épreuve dans toute leur pureté, d'en faire ressortir les détails dans les ombres et de donner les garanties de solidité que l'on peut attendre d'un bon virage.

NOTA. — On ne doit pas s'inquiéter du précipité de chlorure d'argent fourni par l'excès du nitrate contenu dans le papier : on le recueillera comme résidu à l'état très-pur. On ne devra en mettre dans la cuvette que juste ce que l'on en aura besoin, ce qui resterait serait perdu, bon seulement à conserver comme résidu.

### BAIN DE FIXAGE.

Dans un flacon de 500 gram. d'eau on met 75 gram. d'hyposulfite de soude et on laisse dissoudre. Après dissolution, le liquide étant mis dans une cuvette, la hauteur de 10 à 12 millimètres cubes environ, on y plonge l'épreuve en évitant les bulles d'air ; nous insistons sur cette condition de rigueur, pour ne pas avoir de taches au papier. La solution d'hyposulfite se conserve, mais on doit l'employer neuve, par conséquent, ne s'en servir que pour un certain nombre d'épreuves dans la même journée. Au bout de 15 à 20 minutes, on retire les feuilles pour les placer dans une autre cuvette remplie d'eau ordinaire, où pour être bien débarrassées de l'hyposulfite de soude, elles doivent rester au moins 48 heures. En se servant d'eau chaude, on abrège de plus de moitié l'opération.

Il faut que chaque cuvette ait sa destination spéciale, surtout celle à l'hyposulfite de soude. Ce n'est qu'avec des précautions extrêmes et des lavages réitérés que l'on peut enfreindre cette règle.

*Séchage.* — Quand l'hyposulfite de soude est complétement expulsé de la texture du papier, les épreuves sont fixées. On les fait sécher en les suspendant par un angle au moyen d'épingles ou de crochets. On peut encore les faire sécher dans des cahiers de papier buvard spécialement consacrés à cet usage, c'est même ce dernier moyen qui doit être préféré. On évite, en l'employant, que les papiers albuminés s'enroulent et donnent un long travail pour les dérouler et couper les épreuves pour les monter sur bristol.

*Montage des épreuves.* — Pour que les épreuves rendent bien tout leur effet, il faut qu'elles soient coupées sur les bords à la grandeur voulue et collées sur bristol. Le meilleur moyen pour les émarger est de se servir d'un calibre en glace, il y en a de toutes dimensions et de toutes formes. L'épreuve posée sur une glace consacrée à cet usage, le calibre par-dessus, les bords qui dépassent doivent tomber ; on les coupe avec une pointe tranchante bien affilée, l'épreuve est alors exactement de la grandeur du calibre. On l'enduit de colle de pâte par son envers, avec un pinceau, on laisse tremper quelques instants pendant que l'on en prépare une autre, et enfin on l'applique sur le bristol avec marge convenable, on frotte avec la main sur une feuille de papier buvard superposée, pour ne pas écorcher l'épreuve et on la laisse sécher, elle est alors prête à faire satiner.

Nous avons des rouleaux très-commodes pour le collage des épreuves.

## SATINAGE DES ÉPREUVES.

On peut ou faire satiner les épreuves au dehors ou se procurer une presse pour les satiner chez soi. Il y a des petites presses du prix de 55 à 75 francs et au-dessus.

On doit préalablement faire les diverses retouches qui sont souvent bien nécessaires à l'aspect de l'épreuve. On se sert à cet effet d'encre spécialement préparée à cet usage et dont nous avons le dépôt. On emploie pour faire ces retouches de petits pinceaux fins montés sur plume, de plusieurs grosseurs.

L'épreuve étant posée sur la plaque d'acier et recouverte d'un carton à satiner, on la fait passer plusieurs fois entre les rouleaux sous une pression graduée, elle est alors devenue lisse, plane et très-présentable.

Cependant si on veut que rien ne manque à sa toilette, on la passe à l'encaustique qui a pour effet de faire disparaître les points mats de la retouche ; néanmoins en faisant usage de notre noir à l'albumine on peut se dispenser de cette dernière opération, car le noir porte en lui le brillant nécessaire.

### APPAREIL MARION CONSERVATEUR DES PAPIERS SENSIBILISÉS POSITIFS ET NÉGATIFS.

Les avantages aujourd'hui connus et constatés de cet appareil dispensent de tout éloge.

Avec un appareil, soit cylindrique, soit rectangulaire, les amateurs sont désormais à l'abri de toute difficulté. Ils peuvent longtemps à l'avance sensibiliser leur papier ou même l'acheter tout sensibilisé. Les papiers mis dans l'appareil Marion, soit positifs, soit négatifs, peuvent attendre. L'amateur saisira le beau temps et les moments de loisir quand ils se présenteront. Son papier ne sera pas sujet à être détérioré par l'attente de plusieurs jours et même plusieurs semaines.

Après la pose ou l'exposition au châssis, les papiers mis dans l'appareil peuvent encore attendre. Ainsi un intervalle de plusieurs jours entre cette opération et celle du développement ou du fixage n'a pas d'inconvénient.

Nous fabriquons un papier sensible qui se conserve indéfiniment blanc sans le secours de l'appareil conservateur. Nous n'affirmons pas que ce papier ait au même degré que l'autre la propriété de se colorer et donner de jolis tons à l'épreuve sous l'action des virages ordinaires, mais ce que nous pouvons constater, c'est qu'avec le virage au sulfocyanure, indiqué page 82, et en ne soumettant l'épreuve jusqu'au lavage préalable, elle se colore en un ton des plus agréables.

C'est surtout pour la confection des cahiers photométriques que nous préparons ce papier. (Voir page 31, la description du photomètre Léon Vidal et l'usage de ces cahiers sensibles.)

---

## Procédé très-simple de tirage des épreuves positives sans sel d'argent.

### ÉPREUVES BLEUES.

Le papier au ferro-prussiate, préparé mécaniquement au moyen de formules particulières, fruits de nos recherches, possède des qualités éminemment supérieures à celles que l'on obtient par les manipulations individuelles et les moyens ordinaires. Il est notoire que l'opérateur le plus habile, avec la seule ressource des mains et des ustensiles ordinaires, ne saurait jamais atteindre le degré de perfection auquel nous sommes parvenus mécaniquement.

Ce papier tout sensibilisé simplifie les opérations, aplanit les difficultés et constitue un procédé à la portée de tout le monde, que les personnes peu expérimentées peuvent pratiquer sans le moindre embarras. Malheureusement, les épreuves qu'il donne sont bleues, et

quels que soient d'ailleurs la beauté et l'éclat de la
nuance obtenue, ce n'est en réalité que du bleu ; et ce
que l'on demande à la photographie, à quelques excep-
tions près, c'est un beau noir qui se rapproche de celui des gravures.

Ce procédé néanmoins est appelé à rendre des services, car il est certains dessins qui ressortent convenablement en bleu, et auxquels même cette nuance, loin
de nuire, donne un aspect agréable et doux ; tels sont
les plantes, les arbres, l'eau etc. On emploiera encore
avantageusement cette couleur pour les plans, et chaque
fois qu'il s'agira de rappeler seulement les formes et les
contours d'objets quelconques, meubles, machines, ustensiles ou autres produits de l'industrie pour lesquels
le bas prix des reproductions photographiques est pris
en considération. Il est employé par beaucoup de dessinateurs pour faire les reproductions de croquis en
blanc sur fond bleu ; dans ce cas, on se sert du dessin
type pour exposer dessous le papier au ferro-prussiate
à la lumière, et laver comme il est dit plus loin. L'écriture, la typographie ou la lithographie peuvent être
reproduites de la même façon, et, si on fait virer l'é-
preuve au noir, elle peut à son tour servir de négatif.

Ce papier d'ailleurs se conserve très-bien, et l'artiste peut en avoir constamment à sa disposition
pour essayer des clichés et juger de leur valeur sans
avoir recours au bain d'argent. On comprend aisément les services qu'il peut rendre en voyage et partout où on est privé des choses les plus essentielles
pour l'impression des positifs par les procédés ordinaires ; il n'exige en effet qu'un simple châssis à reproduction, avec l'eau et les vases que l'on trouve partout.

On va voir combien est simple et peu embarrassante la manière d'opérer ; on verra en outre que la nuance bleue de l'épreuve est susceptible d'être transformée en noir, et que ce noir donne des garanties d'inaltérabilité.

On expose le papier tel que nous le livrons sous un négatif aux rayons lumineux ; l'exposition est un peu plus longue qu'avec le chlorure d'argent. Cependant, depuis que nous avons amélioré la sensibilité, c'est à examiner ; mais nous aimons mieux promettre moins et tenir plus ; on jugera !

Après une exposition convenable, l'uniformité de teinte verte sombre du papier tourne au bleu, passe au ton bronzé, et finalement prend une teinte de rouille. L'œil suit aisément cette gamme de tons sur les bords du papier qui dépassent le cliché. On ouvre un des côtés du châssis pour s'assurer si le dessin est bien venu. L'image est d'un bleu voilé de rouille, sur un fond vert, que le bain d'eau pure est appelé à modifier et à faire apparaître dans toute sa valeur.

On peut résumer l'opération de l'épreuve bleue par ces quelques mots : exposer au châssis le papier sous un négatif, le retirer après insolation suffisante, plonger l'épreuve dans l'eau, l'y tenir quelques minutes, la rincer et l'étendre pour la faire sécher. Voilà toute l'opération.

## MOYEN DE FAIRE VIRER AU NOIR LES ÉPREUVES BLEUES.

On fait virer au noir les épreuves bleues en les plongeant dans une dissolution de 4 grammes de potasse ordinaire pour 100 grammes d'eau. Quand la couleur

bleue a complétement disparu sous l'action de la potasse et qu'elle est remplacée par une couleur jaunâtre
qui n'est autre chose qu'un oxyde de fer, on plonge
l'épreuve dans une solution de 5 grammes de tanin
pour 100 grammes d'eau ; elle acquiert promptement
dans ce bain une belle teinte noire qui, après un lavage
léger à l'eau pure, reste fixée sur le papier, aussi
inaltérable que les caractères tracés à l'encre à écrire,
car le noir de nos épreuves est formé de la même manière, l'oxyde de fer et le tanin.

Le procédé au ferro-prussiate est entre tous les procédés celui qui par sa nature offre le plus d'intérêt ;
la simplicité du mode opératoire le met à la portée de
tout le monde, et les personnes les moins initiées à
l'action merveilleuse de la lumière sur les substances
sensibles restent charmées des résultats qu'il donne, et
nous sommes convaincus que les praticiens en pourront
tirer un bon parti dans une foule de circonstances
pour les illustrations d'ouvrages à bon marché, la reproduction d'objets d'arts, des produits de l'industrie et
des gravures anciennes qui sont imitées jusque dans
la teinte sombre du papier.

# CHAPITRE SUPPLÉMENTAIRE.

---

## COMPOSITION DES BAINS D'ARGENT POUR ÉPREUVES POSITIVES ET NÉGATIVES.

Nous avons indiqué la manière d'employer les papiers sensibilisés négatifs et positifs, cela peut suffire aux débutants qui achètent leurs papiers tous préparés, mais pour les personnes qui veulent faire elles-mêmes toutes les préparations, nous donnons la formule des bains sensibilisateurs positifs et négatifs. Il y aura avantage à les faire soi-même, surtout pour les papiers négatifs dont la sensibilité après trois ou quatre jours de conservation va toujours en s'affaiblissant ; quant aux papiers positifs, c'est bien différent ; la conservation est presque indéfinie.

*Formule du bain sensibilisateur pour le papier négatif.*

Ce papier pris à notre magasin est simplement ioduré ; pour le rendre sensible, il faut transformer l'iodure de potassium dont il est induit en iodure d'argent.

Le bain se compose de :

| | | |
|---|---|---|
| Eau distillée.......................... | 500 | grammes. |
| Nitrate d'argent cristalisé... ........... | 35 | — |
| Acide acétique cristalisable............. | 50 | — |
| Après dissolution on ajoute noir animal .. | 10 | — |

Agiter et laisser déposer.

Sur demande nous fournissons le bain tout préparé.

Au bout d'une ou deux heures, le bain étant déposé,

on le filtre. Dans un entonnoir garni d'un filtre rond en papier et posé sur un flacon vide, on verse la mixtion que l'on appelle en photographie bain d'acéto-nitrate d'argent. Ce bain filtré est versé dans une cuvette bien propre spécialement consacrée aux bains d'argent. Cette opération, bien entendu, doit se faire à la lumière d'une bougie ou dans une pièce éclairée par la lumière jaune dont nous avons déjà parlé.

On prend le papier collodionné ioduré, ciré par les deux bords opposés, on fait adhérer l'un des bords au liquide, on abaisse régulièrement l'autre extrémité en chassant les bulles d'air qui voudraient se former, enfin à l'aide d'une plume dépouillée de sa barbe, on force la feuille à s'immerger complétement. On ne sera pas étonné de la difficulté avec laquelle elle s'imbibe ; on la force à plonger en appuyant dessus avec la plume et en amenant le liquide aux endroits qui n'en ont pas, de telle sorte que le papier soit tout à fait submergé. Après 2 minutes, temps suffisant à la pénétration de la feuille par le liquide, elle est retirée et plongée dans une autre cuvette remplie d'eau distillée que l'on renouvelle trois fois, afin d'enlever l'excès de nitrate d'argent non transformé en iodure d'argent. On éponge la feuille entre deux feuilles de papier buvard et finalement elle est mise à sécher entre d'autres feuilles de buvard non humides. Le papier est alors prêt à subir l'insolation dans la chambre noire ; nous avons indiqué page 52 la manière d'opérer.

Nous recommandons pour les bains d'argent d'avoir des flacons bouchés à l'émeri.

Sur demande, nous fournissons les bains tout préparés.

Ne terminons pas sans faire les recommandations suivantes :

Si on employait un bain d'argent trop faible, appauvri par l'usage, il aurait pour conséquence de désagréger le collodion incorporé au papier et l'on aurait le regret de voir la feuille perdue sans ressource.

Comme la difficulté d'immersion du papier dans le bain se trouverait accrue par la présence de poussière ou de duvet à la surface, ce qui ne manquerait pas de produire des bulles au papier et par suite des taches aux épreuves, il faut avoir soin de l'essuyer sur les deux faces avec un linge fin, avant de le mettre au bain d'argent.

*Formule du bain sensibilisateur pour le papier positif.*

Le papier positif le plus employé avec les bains d'argent est le papier albuminé chloruré ; nous ne parlerons que de celui-ci, pour le moment. Ce papier, pas plus que tous les autres papiers chlorurés, n'est pas sensible ; pour lui donner cette propriété, il faut transformer le chlorure de sodium ou d'ammonium dont il est enduit en chlorure d'argent, cela s'obtient au moyen du bain suivant.

Dans un flacon bien propre on met :

 Eau distillée.................... 500 grammes,
 Nitrate d'argent fondu.......... 50  —

Après dissolution, le bain étant filtré et versé dans une cuvette, on fait flotter à la surface, sans l'immerger, le papier albuminé chloruré.

Spécifions bien, qu'il faut que chaque bain ait son filtre spécial, de même que flacons et cuvettes.

Après trois à quatre minutes de séjour sur le bain sensibilisateur, le papier est retiré et suspendu pour le faire sécher.

Le bain d'argent s'appauvrit par l'usage ; il faut le renforcer de 2 grammes environ de cristaux d'argent pour chaque feuille de 44,57 qui aura été sensibilisée sur ce bain ; c'est au maximum ce que le papier albuminé coagulé peut prendre d'argent par décomposition, sans compter ce qu'il prend par absorption. Avec le papier albuminé non coagulé, il faut compter que la quantité d'argent est bien plus considérable, et cela est tellement vrai qu'avec ce papier à couche albuminée coagulée, nous obtenons de belles et vigoureuses épreuves avec un bain d'argent à 4 0/0 seulement, ce qu'il serait dangereux de faire avec un papier albuminé ordinaire : on risquerait de voir l'albumine se dissoudre et abandonner la majeure partie de sa couche au bain d'argent trop faible pour la coaguler. Mais, dans ce cas, d'un bain d'argent très-faible, il faut que le papier sensible soit fumigé. Nous parlerons de la boîte à fumiger. N'omettons pas de dire que quand on a sensibilisé quelques feuilles de papier albuminé ordinaire, le bain se colore ; il faut le décolorer, on y parvient en projetant dans le flacon qui le contient, quelques pincées de kaolin, ce qui est toujours au détriment de la richesse du bain. Avec notre papier albuminé coagulé la coloration n'a pas lieu ; il suffit, immédiatement après service, de filtrer le liquide et de le filtrer de nouveau au moment de s'en servir.

Nous avons indiqué page 66 la manière de tirer l'épreuve positive, inutile d'y revenir.

## Papier mica chloruré.

### MANIÈRE DE L'EMPLOYER.

Le papier *mica chloruré* donne des épreuves d'une grande vigueur, d'un éclat remarquable et dont le lustre met en relief les moindres détails du dessin ; on peut dire que c'est le papier de la miniature photographique ; il se traite comme le papier albuminé, avec cette différence que la dose d'argent doit être un peu plus forte ; il faut que le bain sensibilisateur soit à 12 ou 15 0/0 de sel d'argent et maintenu à ce titre.

On devra faire sécher le papier en le suspendant, mais quand il sera à peu près égoutté, sans être sec, on l'épongera dans un cahier de papier buvard *ad hoc* et on finira de le sécher dans un autre cahier ne servant qu'à cela et privé de toute humidité.

Après fixage et lavage de l'épreuve, il faut de même l'éponger dans un autre cahier de papier buvard et l'y laisser sécher.

Le choix du virage pour le papier mica est très-important ; de tous ceux que nous avons essayés, c'est le virage Encausse qui nous a le mieux réussi : en peu d'instants, l'épreuve y prend la plus belle teinte noire que l'on puisse voir ; si on veut le noir moins intense et tirant sur le violet, on la retire avant qu'elle ne soit trop foncée, et plus vite encore si on la veut tirant sur le ton sépia.

Voir, la formule pour l'emploi du *sel Encausse*, p. 68.
Néanmoins tous les virages peuvent servir.

### FORMULE DU BAIN DE VIRAGE.

Nous avons indiqué page 68 la manière d'employer le bain de virage. Cette indication suffisante pour les personnes qui se procurent les préparations toutes faites, ne l'est pas pour celles qui veulent faire toutes les manipulations. On fera bien de s'initier d'abord par le moyen le plus simple, celui des préparations toutes faites, et plus tard, quand on aura acquis quelque expérience, on pourra étudier les formules et les mettre en pratique. Voici la formule d'un bain de virage qui donne de bons résultats.

*Bain de virage au sulfocyanure d'ammoniaque.*

| | |
|---|---|
| Eau ordinaire.......................... | 1000 grammes, |
| Sulfocyanure d'ammoniaque............. | 100 — |
| Chlorure de cadmium.................. | 6 — |
| Chlorure double d'or et de potassium...... | 1 — |

Après être décoloré, ce qui a lieu en une heure environ, ce bain est prêt à servir.

Mettre dans une cuvette la quantité de liquide nécessaire, plonger les épreuves dans le bain sans lavage préalable en évitant les bulles d'air, les retourner, suivre la marche de la coloration, et quand on trouve les épreuves arrivées au ton désiré, les passer dans l'eau sans les y laisser séjourner et finalement les fixer dans une dissolution d'hyposulfite de soude à 15 0/0.

*Bain de virage aux phosphate ou acétate de soude.*

Eau ordinaire......... ............... 800 grammes,
Phosphate de soude....................... 20      —
    ou mieux acétate de soude fondu........ 20      —
Solution à 1 pour 1,000 chlorure de chaux
    préparée d'avance.................... 5      —

Dans un deuxième flacon :

Eau ordinaire........................... 200 grammes,
Chlorure double d'or et de potassium...... 1      —

Dans 100 grammes de la première dissolution, mettre 20 à 25 grammes de la seconde, et laisser reposer avant de s'en servir. Ce bain doit être employé dans la journée, le lendemain il aurait perdu de sa force.

*Emploi du bain aux phosphate ou acétate de soude.*

On lave l'épreuve à deux ou trois eaux, et plongée dans le virage on en suit la coloration pour s'arrêter au ton qui plaît le mieux. Un trop long séjour dans ce bain rongerait l'épreuve; il faut donc la retirer à temps et la fixer dans une dissolution d'hyposulfite de soude à 15 0/0, pendant 20 minutes environ, enfin la plonger dans l'eau souvent renouvelée, le temps nécessaire pour enlever l'hyposulfite de soude contenu dans les fibres du papier, c'est-à-dire 24 heures au moins.

### BOITE A FUMIGER.

Si on veut faire une notable économie de sels d'argent, il faut faire usage de la boîte à fumiger. Sur un bain à 4 0/0 de nitrate d'argent, nos papiers albuminés coagulés se comportent bien. La couche albuminée ne peut se dissoudre, puisqu'elle est absolument insoluble même dans l'eau pure. Par la fumigation, la richesse de la couche sensible est considérablement augmentée.

La feuille sensible étant sèche est suspendue dans la boîte garnie d'une cuvette remplie d'ammoniaque liquide ; un double fond garantit l'opérateur des vapeurs ammoniacales. On ferme la boîte, on tire le double fond, la fumigation se fait en quatre à cinq minutes ; on rentre le double fond, on ouvre la boîte et le papier en étant retiré est prêt à être mis au châssis à impression. On ne doit fumiger le papier qu'à mesure des besoins. Un papier anciennement préparé, qui aurait perdu une partie de sa sensibilité, serait ramené à son état primitif par la fumigation.

La boîte à fumiger est appelée à rendre d'importants services dans l'atelier du photographe et à apporter une notable économie dans l'emploi des sels d'argent.

### ÉPREUVES POSITIVES SUR VERRE OPALE.

On s'occupe depuis quelque temps, d'un procédé de tirage d'épreuves positives sur verre opale qui mérite d'être signalé ; les épreuves qu'il donne sont dignes de figurer dans le salon le plus élégant comme dans le boudoir le plus coquet à côté des miniatures de maître ;

elles égalent en finesse les images sur plaque argentée d'autrefois, sans le fâcheux miroitage qui leur était inhérent et qui leur nuisait tant. Le procédé est de la plus grande simplicité ; celle des manipulations qui pourrait présenter quelques difficultés à l'amateur, est écartée par le soin que nous prenons à fournir des glaces revêtues de la préparation préliminaire d'encollage à l'albumine faite dans nos ateliers. Voici donc la formule que l'opérateur doit suivre en se servant de nos glaces et du collodion au chlorure d'argent de notre composition ; ce collodion est très-sensible, il faut avoir soin de le tenir à l'abri de la lumière du jour.

Bien nettoyer à l'alcool, du côté de l'émail, la glace qui doit servir ; surtout pas de tripoli pour ce nettoyage, il enlèverait ou rayerait la couche albuminée et la renderait inservable.

La glace étant tenue horizontalement de la main gauche, on passe à la surface un blaireau fin, pour enlever les poussières, et avec la main droite, on verse, d'une manière régulière et continue, le collodion sur l'angle supérieur droit de la glace, et par une légère inclinaison on le fait revenir à l'angle gauche, puis penchant la glace du haut en bas et l'inclinant de gauche à droite, on fait écouler le collodion, lentement et régulièrement, par l'angle inférieur droit appuyé dans le goulot d'un flacon propre pour en recueillir l'excès. On voit la couche de collodion se couvrir de stries dans le sens du courant ; pour les faire disparaître, il suffit de faire osciller la glace de gauche à droite en maintenant l'angle appuyé contre les bords du flacon, et finalement on fait sécher.

Quand la glace est sèche, elle est prête à mettre au châssis à impression.

Il faut pour cet usage un châssis spécial.

---

CHÂSSIS POSITIF HERMÉTIQUE POUR TIRAGE DES ÉPREUVES POSITIVES SUR VERRE OPALE.

*Manière de s'en servir.*

On pose le cliché dans le cadre du châssis, on tourne légèrement la vis de côté pour faire pression sur le champ du cliché et le maintenir immobile à la place qui lui est réservée.

On pose la glace sensible sur la ventouse dont la vis préalablement desserrée est ensuite serrée, afin de former le vide et faire attraction sur la glace pour la maintenir en place, sans que la fermeture ou l'ouverture du châssis puisse la faire déranger.

On ferme le châssis, la glace sensible vient se superposer sur le cliché. Les deux écrous de chaque côté de la vis sont desserrés pour permettre à la planchette mobile du fond, dirigée par des ressorts intérieurs, de mettre en contact planimétrique la glace sensible avec le cliché. On sort alors le châssis du laboratoire et on expose.

Quand on veut s'assurer de la venue de l'image, on serre les écrous, les ressorts de la planchette sont détendus ; alors, on ouvre le châssis et on voit s'il est temps d'arrêter ou de continuer la marche de l'insolation. Dans le premier cas, on desserre la vis qui agit sur la ventouse, on retire la glace impressionnée et on développe l'image. Dans le second cas, on referme le châssis avec les mêmes précautions que précédemment, et on expose de nouveau.

Quand l'épreuve est assez venue, elle est retirée du châssis, plongée dans l'eau distillée pour la laver et finalement elle est virée.

*Formule du virage.*

1<sup>re</sup> Solution : Acétate de soude fondu, 3 gr. 50 centigr.
Eau distillée, 500 gr.
2° Solution : Chlorure d'or, 0 gr. 10 centigr.
Eau distillée, 0 gr. 50 centigr.
Mélanger.

On suit la marche de la coloration et quand on la suppose convenable, on retire l'épreuve, on la lave et on la fixe dans une dissolution d'hyposulfite de soude à 50 0/0, puis enfin, avec un dernier lavage, l'épreuve est terminée.

N'omettons pas de dire que le collodion recueilli dans le flacon *ad hoc* et dont il s'est évaporé une partie d'éther peut être ramené à sa densité primitive et servir de nouveau, en y ajoutant un peu d'éther ; toutefois il faut le laisser déposer et le filtrer avant de s'en servir.

----

## Couleurs diaphanes préparées pour colorier sur papier albuminé.

Donner à une Photographie l'aspect d'une miniature,

Tel est le but que l'on peut atteindre avec ces couleurs, et cela sans avoir fait d'études spéciales.

Elles colorent l'albumine sans laisser aucune trace de pinceau.

Elles sont transparentes à tel point, que dix couches ne pourraient compromettre le plus petit détail.

Elles s'emploient comme les couleurs d'aquarelle délayées dans de l'eau.

Une fois appliquées, on peut laver l'épreuve sans altérer en rien la couleur.

On peut encaustiquer par-dessus sans faire changer les tons.

Elles sont d'un emploi très-facile. Du reste, chaque boîte contient une instruction très-détaillée sur le mode d'emploi et sur la façon d'opérer.

Il y a douze tons différents sur une palette en porcelaine : depuis la teinte de chair la plus rosée jusqu'au noir intense. Chaque ton donnant des effets différents à chaque superposition de couches, chaque ton pouvant aussi se mélanger à un ou plusieurs autres, c'est donc à l'infini.

Nous croyons, tout en venant en aide à MM. les Photographes, qui sont parfois (surtout en province) obligés de manquer une affaire, faute d'avoir un peintre à leur disposition, ne nuire en rien à MM. les Retoucheurs qui, nous l'espérons, feront usage de nos couleurs quand ils auront vu la richesse de certains tons qu'il leur serait impossible d'obtenir avec les couleurs ordinaires.

M. Audra, expérimentateur habile, veut bien nous adresser une notice dont la place aurait dû être à la suite de la description de M. Vidal, si elle ne nous était pas parvenue si tard. Nous sommes obligés de la mettre à cette place et nous profitons de cette occasion pour décrire aussi à cette même place, notre procédé pelliculaire au charbon. Nous le donnons d'une façon très-succincte, M. Vidal devant, dans un ouvrage qu'il prépare, lui donner plus de développement.

### Note de M. Audra sur le procédé au charbon.

Le transport des épreuves au charbon sur verre, ou sur tout autre subjectil plan et rigide, peut se faire par simple application et avec la plus grande facilité.

Voici comment j'opère :

J'emploie du papier recouvert de gélatine colorée, préparée exactement suivant le système que M. Jeanrenaud a indiqué, je choisis de préférence, comme support, du papier encollé résistant, mais mince, sans grain, et même au besoin satiné. Bichromaté, puis exposé sous le cliché, identiquement comme pour les épreuves au charbon ordinaire, pendant un laps de temps variable suivant le degré de coloration que je veux obtenir, ce papier est appliqué sur une glace parfaitement propre, en l'immergeant dans une cuvette d'eau froide en même temps que la glace ; puis soulevant celle-ci hors de l'eau, le côté gélatiné collé par le liquide interposé contre la glace, je passe deux ou trois fois le rouleau sur l'envers du papier préparé, préalablement recouvert de buvard. La pression chasse l'eau sans qu'il puisse s'introduire de bulle d'air, et la couche sensible est dès à présent suffisamment adhérente par le seul fait de l'absence d'air entre les deux surfaces. S'il s'agit d'épreuves de petite dimension et surtout d'épreuves dégradées, on peut procéder de suite au développement. Si, au contraire, les épreuves sont plus grandes et tirées sans fond dégradé, il est préférable de les laisser sécher sous la pression modérée d'un châssis positif; l'emploi d'une véritable presse serait sans nul doute préférable, mais je n'ai pas eu besoin d'en faire usage.

Le développement s'opère ensuite identiquement comme s'il s'agissait du papier albuminé procédé Marion. Les glaces sont mises dans le fond d'une cuvette, le papier en-dessous; et l'on verse sur celui-ci l'eau bouillante. Il est indispensable d'attendre qu'il se détache spontanément en abandonnant sur la glace les parties de gélatine insolubilisée, ce qui se produit souvent à la première eau, toujours à la deuxième ou troisième. Puis on laisse la glace dégorger en l'agitant doucement dans de l'eau moins chaude, à 50 ou 60 degrés environ; on la lave à l'eau froide et on la laisse spontanément sécher. Cette opération du développement est des plus simples, et on a tout intérêt à ne pas la hâter; elle dure en moyenne dix minutes. Jamais elle n'atteint une demi-heure, et avec un nombre suffisant de cuvettes on peut développer en même temps autant de glaces qu'on le désire.

Il me semble que les épreuves obtenues de cette façon présentent un modelé encore plus parfait que celles sur papier. Si elles sont énergiques, c'est-à-dire si la pose a été longue, elles offrent par transparence des effets très-vivants. Tirées plus modérément, elles doivent être vues par réflexion, appliquées exactement contre un papier blanc ou teinté. Pour les portraits, notamment, qui doivent être mis sous verre, le support lui-même en tient lieu et il suffit de les encadrer. Ils sont par suite vus dans leur vrai sens contrairement à ce qui se produit avec le papier albuminé. Ce dernier résultat peut encore être obtenu en effectuant un second transport de la glace sur papier; c'est le résultat qu'obtient M. Johnson en recouvrant préalablement la glace d'une couche de stéarine.

J'ai réussi à transporter également la couche gélatinée, et cela avec la plus grande facilité, sur pierre, sur verre émaillé, sur panneau à peindre, sur métaux, sur collodion cuir.

Enfin, lorsque l'image est obtenue sur glace, c'est-à-dire sur une surface parfaitement plane et rigide, il est aisé de la mouler par un des procédés connus, et de tirer des épreuves aux encres transparentes. Les résultats sont identiques à ceux que fournit le procédé Woodbury, les moyens seuls diffèrent. J'ai obtenu de la sorte plusieurs planches en creux, en métallisant la glace gélatinée, et en la recouvrant directement par la pile d'un dépôt de cuivre.

En résumé, le procédé que je viens de décrire peut donner, entre autres résultats : des positives sur verre destinées à être vues, soit par transparence, soit par réflexion, et qui se trouvent dans l'un et l'autre cas, dans leur vrai sens; des positives sur verre émaillé; des épreuves sur pierre lithographique ou sur métal; ou bien une simple esquisse légère sur panneau de bois préparé pour la peinture à l'huile. Je ne doute pas que d'autres plus habiles que moi, et ayant plus de temps à leur disposition, ne parviennent à lui trouver encore de nombreuses applications.

---

# Description succinte d'un procédé de tirage au charbon donnant des épreuves peliculaires translucides, positives et négatives

PAR A. MARION.

La feuille mixtionnée, sensibilisée et impressionnée sous un cliché, est transportée sur plaque métallique, cuivre, zinc, platine, argent, etc., peu importe. Cependant, nous préférons la plaque de cuivre argentée, mais préalablement enduite d'encaustique (cire dissoute dans de la térébenthine), pour la préserver de toute atteinte d'oxydation et en même temps faciliter le détachement de l'image, comme nous allons l'indiquer.

L'image est aussi développée comme d'habitude, et selon les indications de M. Léon Vidal ou de M. Audra, voire même selon notre procédé de transport sur albumine.

Quand la plaque est bien dégagée de toute mixtion restée soluble, elle est abandonnée à la dessication spontanée dans un endroit un peu frais privé de courants d'air. Il faut généralement 24 à 36 heures pour que la dessication soit parfaite. On fera bien attention que toute trace d'humidité ait disparu.

Dans cet état, la plaque est portée à l'air. En peu d'instants, on voit l'image se soulever d'elle-même de dessus cette plaque et s'en détacher complétement sous forme de pellicule translucide, avec un dessin pourvu de toute la valeur du cliché.

Si on a opéré avec une épreuve négative, on a obtenu une épreuve positive pelliculaire, qui peut à son tour servir de cliché pour obtenir un négatif *et vice versâ*. Si, au contraire, on a opéré avec une épreuve positive sur verre, on a obtenu du premier coup un négatif pelliculaire, propre à être tiré indistinctement par le recto ou par le verso, et, par conséquent, à servir aussi bien pour le procédé Marion au charbon que pour les procédés à l'argent.

Ce procédé est susceptible d'une foule d'applications.

Notons qu'avec ce procédé la pose doit être un peu plus longue que quand il s'agit de transports sur papier albuminé.

# NOTE IMPORTANTE.

C'est avec conviction que nous disions, il y a quelque temps, que la meilleure gélatine pour mixtion charbonnée était celle de qualité ordinaire et quelque peu opaline. L'expérience nous a démontré depuis que nous n'étions pas dans le vrai, car si nous avons complétement réussi, pendant quelque temps, avec le produit que nous indiquions, nous n'avons pas tardé à nous apercevoir de son inconstance et de ses qualités variables. Ce n'est même qu'après maintes et maintes expériences, à la suite d'insuccès, que nous avons fini par reconnaître la vérité. Nous ne pouvions pas nous imaginer que dans la masse d'un produit de même origine il pût se trouver des qualités si différentes; l'une permettant de suivre une marche régulière et facile du développement de l'image et l'autre devenant complétement insoluble après passage au bichromate. et par suite donnant des résultats absolument négatifs.

Aujourd'hui, nous sommes en mesure d'affirmer que la meilleure gélatine pour mixtion charbonnée est celle connue dans le commerce sous le nom de *grénetine*. Son seul défaut est d'être d'un prix élevé; toutefois, ce prix élevé ne nous arrête pas, c'est cette seule qualité qui entre maintenant dans notre fabrication de papiers mixtionnés. Nous avons reconnu une telle supériorité à ce produit que nous avons pris un arrangement avec le fabricant pour lui prendre tous les morceaux qu'il fait; ils ont l'avantage d'être un peu moins chers que les feuilles entières et conviennent tout autant pour l'usage photographique.

Notre intention en nous réservant ce produit n'est pas d'en priver les industries similaires à la nôtre, pas plus que les amateurs de photographie. Nous en avons à la disposition de tout le monde à un prix aussi modéré que possible.

# TABLE.

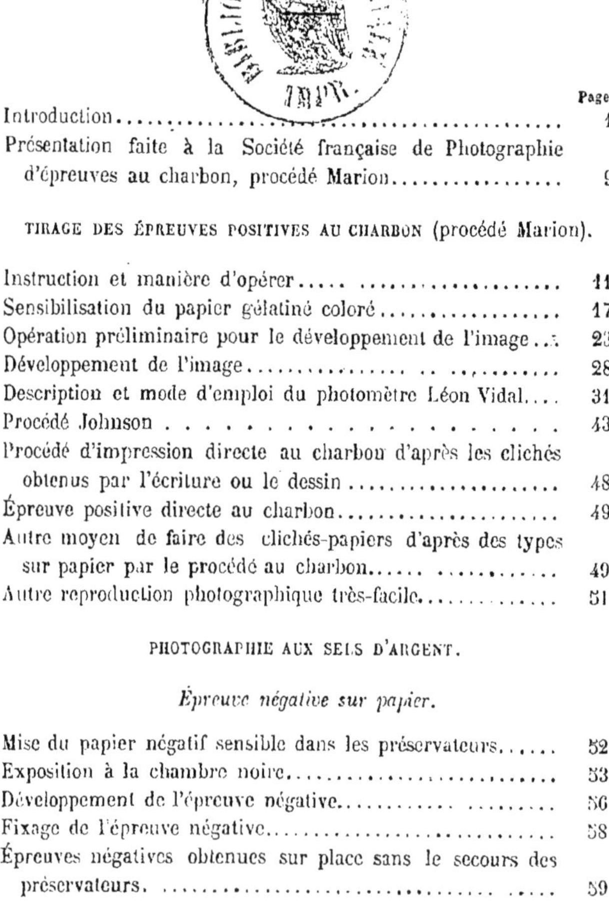



### TIRAGE DES ÉPREUVES POSITIVES AU CHARBON (procédé Marion).



### PHOTOGRAPHIE AUX SELS D'ARGENT.

#### *Épreuve négative sur papier.*

### *Épreuve négative sur collodion sec.*



### *Épreuve négative sur glace collodionnée.*



### *Épreuve positive.*



#### PROCÉDÉ TRÈS-SIMPLE DU TIRAGE DES ÉPREUVES POSITIVES
#### SANS SEL D'ARGENT.



#### CHAPITRE SUPPLÉMENTAIRE.

IMPRIMERIE CENTRALE DES CHEMINS DE FER.—A. CHAIX ET Cᵉ, RUE BERGÈRE, 20, A PARIS.—10846-9